나는 치매 의사입니다

BOKU WA YATTO NINCHISHO NO KOTO GA WAKATTA

MIZUKRA MO NINCHISHO NI NATTA SEMMONI GA,
NIHONJIN NI TSUTAETAI YUIGON

@Kazuo Hasegawa, The Yomiuri Shimbun 2019

First Published in Japan in 2019 by KADOKAWA CORPORATION, Tokyo.
Korean translation rights arranged with KADOKAWA CORPORATION, Tokyo
through IMPRIMA KOREA AGENCY.

나는 치매 의사입니다

치매에 걸린 치매 전문의의 마지막 조언

하세가와 가즈오 · 이노쿠마 리쓰코 지음 | 김윤경 옮김

라이팅하우스

살아 있는 '지금'의 소중함을 일깨워 준
하세가와 가즈오 선생님께

_이해인(수녀, 시인)

몇 줄의 추천글을 부탁받고 이 책을 처음부터 끝까지 다 읽고 나니 한 번도 뵌 적 없는 선생님께 문득 감사의 인사를 전하고 싶어졌습니다. 책의 제목부터가 예사롭지 않아 더 관심 있게 읽다 보니 많은 부분이 공감될 뿐 아니라 새로운 깨우침도 얻을 수 있어 기뻤습니다.

이 글을 쓰는 저 자신도 스무살에 수도원에 입회한 이후 어느덧 77살의 노수녀가 되어, 일주일에 한 번 공동체에서 진행하는 노인대에 참석하기도 하고 치매 예방에 좋다는 뇌 영양제도 복용하며 일상생활을 하고 있습니다. 책을 많이 읽고 글을 많이 쓰니 치매에 걸릴 확률이 적을 거라고 동료들은 위로하지만 저 자신을 세심히 관찰해 보면 한때 '기억의 천재'라는 칭찬을 듣던 사람답지 않게 이미 심한 '기억장애'를 겪고 있답니다.

꿈과 현실이 종종 혼돈되고, 안 급해도 될 일에는 서두르고 정작 급히 움직여야 할 땐 게으름을 부려서 생활의 중심과 리듬이 깨지는 것을 경험하곤 합니다. 물건을 정리하는 일에 두서가 없고 죽음에 대한 책을 너무 많이 읽다 보니 명랑한 기분이 사라지고 자주 우울해지는 저를 봅니다. 100명 넘게 사는 공동체에서 누가 나를 따돌리거나 마음에 들어 하지 않으면 어쩌나 하는 염려와 긴장 속에 살고 있는 제 모습을 발견할 때도 있습니다.

똑같이 치매라고 해도 유형과 증상이 다르게 나타난다는 선생님의 글을 읽고 관찰해 보니 치매로 투병 중인 우리 수녀님들 중에도 늘 화난 듯 무표정하게 같은 행동을 반복하는 수녀가 있는가 하면 누굴 만날 적마다 기분 좋게 웃어 주는 수녀도 있습니다. 정신이 아예 없는 것 같아도 가끔은 그 누구도 따라갈 수 없는 위트와 유머로 명언을 쏟아내는 수녀도 있고 안정감 없이 어딘가를 늘 배회하는 수녀도 있습니다. 착한 치매라고 칭찬을 많이 듣는 어느 원로 수녀님이 "여기 있는 인간들은 잔소리가 너무 많아. 하지 말라는 게 너무 많아. 난 우리집에 가고 싶다"라며 고백 아닌 고백을 하셨던 것도 기억에 남는 명언 중의 하나입니다.

타인이 한순간도 눈을 뗄 수 없게 만드는 치매 환자가 되고 싶

추천의 말

은 사람은 아무도 없을 것입니다. 하지만 사실은 우리 모두가 예비 치매 환자라는 생각을 가져야 합니다.

돌봄의 대상인 환자 자신은 물론 돌보는 이들의 태도가 어떠해야 하는지를 이 책은 매우 설득력 있고 겸손하게 일러 줍니다. 그 누구도 치매 환자를 함부로 타박하고 강압적으로 무시하거나 바보 취급해선 안 된다고, 병보다 사람이 먼저라고 강조해 주신 대목에선 저도 마음 뜨끔한 반성을 했습니다. 치매에 걸리지 않은 건강한 사람도 실수하지 않느냐고, 환자가 실수할 때 마구 다그치는 것은 옳지 않다는 말씀도 몇 번이고 되풀이해 읽어 봅니다. 오래전 돌아가신 어머니의 어떤 실수에 혼내고 다그치던 제 모습을 돌아보며 다시 부끄러울 뿐입니다.

살아 있는 '지금'이 가장 좋은 때다. 그러니 이 순간을 소중히 여기며 살아가자. '내일' 할 수 있는 일은 바로 '오늘' 시작하자는 선생님의 말씀에 더 많은 이들이 동참할 수 있으면 좋겠습니다.

평범하게 살아가는 일 자체가 실은 신에게 받은 특별한 보물이라고 말씀하셨지요? 치매에 걸리고 나서 잃은 것도 물론 있지만 세상이 더 넓어진 것 같다고 하셨지요? 선생님처럼 자신이 치매에 걸린 것을 겸손되이 인정하고 고백하며 주변의 도움을 요청할 수 있는 용기와 지혜가 있다면 우리는 아픈 중에도 기쁨과 평화를 누릴 수 있을 것입니다.

치매에 대한 고정관념과 부정적인 편견을 바로잡고 좀 더 상대를 잘 듣고 이해할 수 있는 사람이 되도록 이 책을 읽은 저 자신부터 노력하겠습니다. 비록 치매에 걸렸더라도 세상이 끝났다고 생각하거나 모든 것을 포기해선 안 된다는 말씀도 기억하겠습니다. '죽더라도 치매만은 걸리지 말아야 해', '자신의 존재마저 망각할 수 있는 이 병은 얼마나 무서운지!' 하며 늘 불평하고 저주하는 말로만 표현했던 치매라는 단어조차 이제는 존중하는 마음으로 대해야겠다고 다짐합니다.

죽음도 삶의 일부인 것처럼 제가 어느 날 치매 진단을 받게 되더라도 가장 '나다운 나로 돌아가는 여행'일 수 있도록 순하게 받아들이고 감사하는 마음을 배우겠습니다. 일생을 치매 연구에 헌신하시고 이렇듯 좋은 책을 써 주신 선생님께 존경을 보내면서 이웃에게도 이 책을 널리 알리겠습니다. 고맙습니다.

부산 광안리 성 베네딕도 수녀원에서
이해인 수녀 올림

주변의 도움이 있다면,
치매 당사자도 여전히 많은 것을 할 수 있습니다

_이동영(서울대학교병원 치매클리닉 책임교수)

80세 넘게 사는 것이 매우 흔해진 시대에 치매 문제는 먼 곳에 있는 남의 이야기가 아니다. 오랜 세월 치매 환자를 진료하고 연구해 온 정신과 의사인 나 자신도 언젠가 닥칠지도 모를 내 문제로서의 치매는 두렵다. 치매에 걸려 가족들에게 부담을 주는 것도 걱정이고, 나다움을 잃고 이상한 사람이 되어버리지 않을까 공포스러울 때도 있다.

이 책은 치매에 대한 막연한 두려움에 답하여 "누구나 치매에 걸릴 수 있고, 치매를 지나치게 두려워할 필요가 없다"는 분명한 메시지를 던지고 있다. 이 메시지가 강렬하면서도 따뜻한 이유는 단지 저자가 저명한 치매 전문 의사이기 때문만은 아니다. 그 자신이 지금 치매를 앓고 있는 환자이기 때문이다.

저자인 하세가와 가즈오 박사는 정신과 의사로 일본의 대표적인 치매 전문가이다. 치매 분야에 종사하는 많은 우리나라 전문가들도 그가 개발한 치매 선별 도구인 '하세가와 치매척도'를 알고 있다. 그는 일생 동안 치매 환자를 진료하면서 케어 관련 연구와 교육에 헌신했고, 일본 치매 케어 시스템의 초석을 닦았다. 그러다 2017년 10월, 만 88세에 치매로 진단받고 이 책을 썼다.

이 책을 통해 그는 타인의 문제가 아니라 자신의 문제로 치매를 겪으며, 의사로서뿐만 아니라 환자의 입장에서 체험한 치매에 대해 말한다. 또 이렇게 도와주면 좋겠다는 소망도 이야기한다.

전문가 입장에서 쓴 치매 관련 책은 많다. 또 치매 환자의 체험을 담은 책도 있다. 하지만 치매 전문 의사가 직접 그 병을 앓으면서 쓴 책은 흔치 않다. 그래서 이 책은 든든하면서도 위로가 된다.

"이 책을 쓰면서 하고 싶은 말이 제대로 전달되지 않으면 큰일이기에"라는 저자의 뜻에 따라, 요미우리신문사의 이노쿠마 리쓰코 편집위원이 함께 저술에 참여했다. 주변의 적절한 도움이 있다면 치매를 앓게 되더라도 여전히 많은 것을 할 수 있다는 사실을 이 책의 출간 자체가 보여 주는 듯하다.

이제야 비로소
치매에 대해 알게 되었다

책을 시작하기 전에 제 소개를 먼저 하겠습니다.

여러분은 '하세가와 치매척도'라는 말을 들어본 적이 있나요? 나이가 들면서 자연적으로 발생하는 증상이라기에는 기억력 감퇴나 건망증의 정도가 심해 신경과나 뇌신경외과, 또는 정신건강의학과를 찾았던 사람이라면 이런 질문을 의사나 임상심리사에게 받아 보았을 겁니다. "오늘은 몇 년 몇 월 며칠이죠?", "100에서 7을 빼 보세요" 하는 검사 말입니다. 이 검사가 바로 '하세가와 치매척도'입니다.

치매인지 아닌지를 진단하는 기준으로서 일본에서 널리 사용되고 있는 인지기능 검사이지요. 이것을 개발한 정신과의가 바로 접니다.

제가 치매 진단법을 개발해서 공표한 1974년만 해도 '인지증 dementia'은 '노망老妄' 또는 '치매癡呆'로 불렸습니다(일본은 2004년 치매에서 인지증認知症으로 정식 명칭을 변경했다-역주). 그보다 2년 앞선 1972년도에는 소설가 아리요시 사와코가 쓴 장편소설《황홀한 사람》이 출간되었는데, 당시 사람들이 잘 이해하지 못하던 치매를 주요 소재로 다뤄 일본에서 커다란 반향을 불러일으켰던 기억이 납니다.

어쨌든 당시는 '노망나면 끝!'이라고 하여 치매에 걸린 사람을 '아무것도 분간하지 못하는 사람'으로 낙인찍는 심한 편견에 사로잡혀 있었습니다. 가정에서는 치매 당사자를 방에 가두기도 했고 정신과나 노인 전문병원에서도 침대에 묶어 놓는 것이 당연한 것처럼 여겨지던 시절이었지요. 그런 시대를 살며 치매의 의료와 간병에 더 깊이 관여하게 된 것 같습니다.

그런데 반세기 넘게 치매 환자들을 치료하고 연구해 온 제가 치매에 걸렸습니다. 2017년 10월, 만 88세 때입니다. 이 사실을 알게 된 후 저는 제 상태를 세상에 공표하기로 했습니다. 치매에 걸리는 것이 결코 특별한 일이 아니라고 생각하기 때문입니다.

치매는 성인이 된 후에 언어와 지각을 관장하는 뇌에서 기능 저하 현상이 일어나 일상생활에 지장을 초래하는 상태를 말합니다. 가장 큰 위험인자가 노화이기 때문에 '인생 100년 시대'를 맞이한 현대에는 누구나 치매에 걸릴 가능성이 있다고 할 수 있습니다.

일본의 경우 제2차 세계대전 직후에 태어난 베이비 붐 세대가 모두 75세 이상이 되는 2025년에는 고령자 다섯 명 가운데 한 명 꼴인 약 700만 명이 치매에 걸릴 것이라는 후생노동성의 발표도 있었습니다. 만년까지 건강하게 사는 사람도 물론 있겠지만, 그러한 사람에게도 치매 발병은 시간의 문제라고 할 수 있습니다.

제가 치매에 걸린 사실을 공표한 이유도 '치매는 누구나 마주하는 문제이므로 지나치게 두려워할 필요는 없어요'라는 말을 전하고 싶었기 때문입니다. 그로부터 2년 후, 이 책의 출간을 앞둔 지금 증상이 상당히 진행되었다는 자각은 있습니다. 그러나 주위 사람들이 생각하는 만큼 급격하게 나 자신이 달라졌다고는 생각하지 않습니다. 애초에 치매가 생겼다고 사람이 갑자기 바뀔 리는 없는 것이지요. 어제까지 살아온 인생의 연장선상에 좀 더 노화된 자신이 있을 뿐입니다.

실제로 치매에 걸리고 나서 절실히 깨달은 것이 있습니다. 일단 치매에 걸리면 증상이 하루 종일 그리고 매일 계속된다고 생각하기 쉽지만 실상은 그렇지 않다는 것입니다. 제 경우를 예로 들어보면 아침에 일어났을 때는 컨디션이 무척 좋습니다. 그러다 시간이 지날수록 점점 피로해져서 저녁이 되면 머릿속이 무척 혼란스러워집니다. 하지만 하룻밤 자고 나면 개운해져 다시 상쾌하고 새로운 자신이 되살아납니다.

한마디로 말해, 그때그때 몸과 마음의 상태에 따라 좋아지기도 하고 나빠지기도 하는 겁니다. 그러니 '한번 걸리면 끝'이라든가 '아무것도 분간하지 못하는 사람'이라고 생각하지 말고, 특별 취급도 하지 말아 주세요. 그것이 의사이자 치매 환자인 제가 이 책을 통해 전하고 싶은 말입니다.

우리가 치매를 두려워하는 이유는 '일상생활에서의 장애' 때문입니다. 지금까지 당연히 해왔던 '평소의 생활'이 점점 불가능해지는 것이 치매의 특징입니다. 참으로 불편하고 난처한 일이지요. 가족들도 당혹스럽기는 마찬가지입니다. 하지만 주위 사람들이 치매 당사자를 어떻게 대하느냐에 따라 이 장애의 정도를 훨씬 줄일 수 있습니다. 이 사실을 꼭 알려드리고 싶습니다.

치매 전문의로서 지금까지 몇백 몇천 명의 환자를 진료하고, '치매'에서 '인지증'으로 공식 명칭을 변경한 국가 검토위원도 역임한 저이지만, 실제로 치매에 걸린 후에야 비로소 알게 된 것들이 있습니다. 치매 당사자가 된 후 어떤 생각을 하고 무엇을 느꼈는지, 치매 이후의 삶을 어떻게 보내고 있는지 전하고 싶어서 이 책을 썼습니다. 그리고 인생의 대부분을 치매와 마주하며 쌓은 연구 결과들도 치매 역사의 일부로서 이 책에 남기고자 합니다.

저는 치매에 걸린 후에 어쩐지 증상이 진행되고 있는 자신을 또 다른 내가 보고 있는 듯한 기분이 듭니다. 이 말이 이상하게 들릴지도 모르지만 정말입니다. 그 점이 다른 치매 당사자들과 다른 부분이며 전문의만이 느낄 수 있는 점이라고 말하는 사람도 있습니다. 그런 제가 생각하는 것 그리고 치매 당사자가 된 이후 내적 외적 변화에 관해 들려주고 싶습니다.

2021년 2월에 만 92세가 되었습니다. 신이 기다리는 곳으로 떠날 날이 점점 다가오고 있음을 느낍니다. 돌이켜 보면 지금까지 줄곧 일을 중심으로 한 삶을 살아왔습니다. 환자와 그 가족들을 돕기 위해 저 나름대로 온 힘을 다한 인생이었습니다. 다행히도 지금 저 역시 가족과 이웃 사람들의 따뜻한 온정에 둘러싸여 영화를 보거나 교회에 가기도 하고, 마음에 드는 찻집이나 이발소에도 들르면서 평온한 생활을 유지하고 있습니다. 이따금 넘어져 얼굴에 파란 멍이 들기도 하고 TV홈쇼핑에서 필요 없는 상품을 주문해서 가족들을 당황시킬 때도 있습니다만, 될 수 있는 한 평소와 다름없는 생활을 즐기려 하고 있습니다.

치매라고 해도 모든 이가 같지는 않습니다. 증상이 다양하다는 사실도 여러분이 알았으면 좋겠습니다. 가끔 말하는 도중에 이야기가 엉뚱한 데로 빠지기도 하는데, 스스로 깨닫지 못하지만 상당히 이상한 이야기를 할 때도 있는가 봅니다. 이 책을 쓰면서 제가 하고 싶은 말이 제대로 전달되지 않으면 큰일이기에 요미우리신문사의 이노쿠마 리쓰코 편집위원과 협력해 함께 만들기로 했습니다. 이노쿠마 씨는 제가 치매라는 사실을 2017년 11월에 가장 먼저 알렸던 기자입니다.

아까도 말씀드렸듯이, 제 인생에서 이제 남은 시간은 얼마 되지 않습니다. 치매에 걸린 제가, 저처럼 치매에 걸린 분들과 그 가족이 살아가기 좋은 세상을 만드는 데 일조할 수 있기를 진심으로 바랍니다. 이 책이 치매 당사자와 그 가족 그리고 치매 의료와 간병 분야에 관심이 있는 모든 분에게 조금이라도 도움이 된다면 더없이 기쁠 것입니다.

하세가와 가즈오

[목차]

1장◦일본 최고의 치매 전문의, 치매에 걸리다

2장◦우리는 죽음보다 먼저 치매를 맞게 될지도 모릅니다

3장 ○ 아픈 가족을 돌보는 사람들에게

4장 ○ 최초의 표준 진단법 '하세가와 치매척도'를 만들다

7장 ∘ 불편하지만 불행하지는 않습니다

일본 최고의
치매 전문의,
치매에 걸리다

1장 ∘ 일본 최고의 치매 전문의, 치매에 걸리다

_____ 확실성이 흔들리다

'아무래도 이상하다. 전에 가본 적이 있는 곳이니 당연히 갈 수 있어야 하는데, 갈 수가 없다. 오늘이 몇 월 며칠이고 뭘하려고 했는지 도무지 생각나지 않는다. 어쩌면 나는 치매에 걸린 게 아닐까?'

이런 생각이 들기 시작한 것은 2016년쯤이었습니다. 분명 직접 체험한 일인데도 확실히 기억나지 않고 머릿속이 흐릿해지기 시작하더니, 내가 한 일과 하지 않은 일에 확신을 가질 수가 없었습니다. 가령 외출하기 위해 집을 나섰는데 열쇠로 문을 잠그고 나왔는지 아닌지 도무지 기억이 나지 않는 겁니다. 보통은 곰곰이 시간을 되짚다 보면 어느 쪽이든 확신을 가질 만한 장면이 떠오릅니다. 그래도 불안하다면 되돌아가서 문이 잠겨 있는 것을 확인한 뒤 안심하고 외출하면 되지요. 이것이 정상일 때의 행동입니다. 그런데 나의 경우 기억에 대한 정확성이 흔들리면서 집에 돌아가 확인했는데도 또다시 알쏭달쏭해지며 언제까지고 확신이 서질 않았습니다.

오늘이 몇 월 며칠이고 무슨 요일인지도 알 수 없었습니다. 한동안은 부엌에 걸려 있는 큰 달력 옆에 작은 일력을 걸어 두고 매일 아침 한 장씩 떼어 냈습니다. 하지만 방금 날짜를 확인했는데도 금세 또 잊어버렸습니다. 아내에게 날짜를 물으면 "또 물어요?" 하고 되묻는 일도 많아졌습니다. 그래서 탁자 위에 놓인 신문으로 확인을 하기 시작했습니다. 조간, 석간 모두 맨 앞 페이지에 날짜가 나와 있어서 확인하기 쉬우니까요. 하지만 임시방편일 뿐이었습니다. 기억에 대한 확신이 흔들리고 약속을 잊는 일이 늘어나는 것을 막을 수는 없었습니다.

결국 저는 오랜 진료 경험에 비추어 볼 때, 이건 나이가 들어 자연히 생기는 기억력 감퇴가 아니라 치매가 분명하다고 생각하기에 이르렀습니다.

이제 와서 돌이켜 생각해 보면, 이상 징후는 그 전부터 나타났던 것 같습니다. 2015년 10월 어느 날의 일기에 이런 글이 적혀 있습니다.

"강연. 주제는 '모두 함께 생각하는 치매 케어'다. 약 한 시간쯤 이야기했는데, 중간중간 내가 무엇을 말해야 하는지를 잊어버렸다. 세 번 정도 그런 순간이 있었다. 어떻게든 얼버무리고 얼렁뚱땅 마쳤다. (중략) 이런, 맙소사!"

_____ 여러분, 사실은 저도 치매입니다

2017년 10월, 가나가와현 가와사키 시내에서 치매를 주제로 한 소규모 강연회가 열렸습니다. 저는 전문의로 초빙되어 치매 케어에 관해 조언하기로 되어 있었지요. 치매 당사자의 가족을 대상으로 치매 케어에 있어 중요한 사항과 지금까지 진료해 온 치매 당사자들에 얽힌 추억을 이야기하다가 자연스럽게 이런 말이 나왔습니다.

"여러분 앞에서 이렇게 말하면 주최 측이 난처해할지도 모르

1장 일본 최고의 치매 전문의, 치매에 걸리다

겠습니다만, 사실은 저도 치매입니다."

치매에 걸렸다는 사실을 자각한 후, 더욱 확실하게 알게 된 것이 있습니다. 치매는 누구나 걸릴 가능성이 있으며 설령 치매에 걸린다 해도 '인간'이라는 사실에는 변함없다는 것, 오늘날과 같은 장수 시대에는 누구나 치매를 마주하며 살아가야 한다는 것 그리고 치매에 걸리더라도 평상시의 생활을 그대로 유지하는 게 중요하다는 것입니다. 저는 이 사실을 많은 사람들이 알았으면 했습니다. 그래서 강연 중에 고백을 했고, "저도 이렇게 평소처럼 생활하고 있어요" 하고 그 자리의 모든 이에게 보여 주었습니다. 제 고백을 들은 참석자들은 모두 무척 진지하고도 따뜻하게 받아주었습니다. 당시 저는 만 88세였습니다. 오늘날에는 저처럼 장수하는 사람이 늘고 있습니다.

후생노동성의 발표에 의하면 2018년 일본인의 평균 수명은 남성이 81.25세, 여성이 87.32세로 모두 과거 최고치를 경신했습니다. 평균 수명은 그해에 태어난 0세 아기가 평균 몇 세까지 살아갈지를 예측한 수치를 가리킵니다.

최근 30여 년간의 자료를 살펴보면 남녀 모두 5년 정도 수명이 늘어났습니다. 평균 수명은 앞으로도 더욱 늘어날 것으로 예측됩니다. 일본의 장래 추계 자료(2017년 추계)에 따르면 2025년에는 남성의 평균 수명이 81.89세, 여성은 88.21세가 될 것이라고 합니다. 특히 여성은 남성보다 장수하는 경향이 더 커서 2045년에는 여성의 평균 수명이 90세를 넘어설 것으로 추산되고 있습니다.

평균 수명이 늘어나면 장수하는 사람도 늘어납니다. 100세 이상의 고령자 수는 2019년 9월 15일 기준 7만 1274명(그중 여성은 6만 2810명)으로 49년 연속해서 과거 최다 기록을 경신했고 처음으로 7만 명을 돌파했습니다. 노인복지법이 제정되면서 국가가 100세 이상의 고령자를 표창하기 시작한 1963년에는 전국을 통틀어 겨우 153명이었던 점을 생각하면 격세지감을 느낍니다. 국가의 추계로는 앞으로도 계속 늘어나 2074년에는 그 수가 71만 7000명에 이를 것으로 추정하고 있습니다.

그때의 사회 풍경은 어떨지 문득 궁금하네요. 인간의 삶은 여전히 60대 은퇴에 맞춰 흘러갈까요? 그렇다면 사람들은 은퇴 후 30~40년이라는 시간을 어떻게 보내게 될까요? 여전히 활력이 넘치는데 갈 곳이 공원밖에 없다면 개인적으로나 사회적으로 엄청난 손해가 아닐까 생각해 봅니다.

전 세계적으로 인간의 평균 수명이 늘어나면서 '인생 100세 시대'라는 말도 널리 사용되고 있습니다. 이 말은 원래 세계에서 급격히 진행되는 장수화에 입각해 지금까지와는 다른 인생 설계가 필요하다고 주장한, 영국 런던비즈니스스쿨의 린다 그래튼과 앤드루 스콧 두 교수가 처음 발표한 개념입니다. 예전에는 인생을 '교육, 일, 퇴직'의 3단계로 나누는 설계가 일반적이었지만, 100세 인생이 당연해진 사회에서는 연령에 따른 구분이 없어지고, 일하는 시기를 거쳐 다시 배우는 시기를 맞이하는 등 인생의 로드맵이 다양해져야 한다는 게 그들의 주장입니다.

일본에서는 거의 같은 시기에 고이즈미 신지로(일본 자유민

[장래 치매 고령자 추계]

※　괄호 안은 65세 이상 인구 대비
출처　후생노동성 자료[〈일본 치매 고령자 인구의 장래 추계에 관한 연구〉 2014년도 후생노동과학연구비 보조금 특별연구사업 규슈대학교 니노미야 도시하루 교수에 의한 속보치]

주당 중의원이자 환경성 장관, 전 일본 총리 고이즈미 준이치로의 둘째 아들이다-역주)를 중심으로 한 자민당의 젊은 의원들이 '인생 100세 시대'를 직시한 정책을 제언했으며, 정부에서는 2017년 '인생 100년 시대 구상회의'를 설치해 운영하기도 했습니다.

린다 그래튼과 앤드루 스콧 교수의 공동 저서 《100세 인생》에 따르면 일본에서 2007년에 태어난 아이들은 그 절반 정도가 100세까지 살아갈 것이라고 합니다.

후생노동성 연구반이 조사한 바로는, 2012년 기준으로 치매 고령자는 약 462만 명(65세 이상 인구에 대한 유병률은 약 15%)이라고 합니다. 65세 이상 고령자 일곱 명당 한 명에 해당하는 수치입니다. 예상컨대 이 수치는 계속 증가해 종전 후의 베이비 붐 세대가 모두 75세 이상이 되는 2025년에는 치매 고령자 수가 약 700만 명(65세 이상 인구에 대한 유병률은 약 20%), 다시 말해 고령자 다섯 명당 한 명의 비율로 추계할 수 있습니다.

80대, 90대로 점점 나이 듦에 따라 치매에 걸리는 사람이 증가하는 것은 더 이상 낯선 현상이 아닙니다. 오히려 100세를 넘어서면 거의 모두가 치매에 걸린다고 해도 과하지 않을 것입니다. 그러므로 아흔이 넘은 제가 치매에 걸린 것도 그렇게 부자연스

1장 일본 최고의 치매 전문의, 치매에 걸리다

러운 일은 아닙니다.

　물론 치매에 걸리지 않고 만년까지 건강하고 의식이 또렷한 사람도 있습니다. 하지만 그런 경우는 극히 일부일 뿐이며 그 사람들도 더 나이가 들면 시간문제라고 말할 수 있을 정도로 치매는 결코 남의 일이 아닙니다.

＿＿＿＿ 신뢰받는 의사에서 위로받는 환자로

　"치매에 걸렸을 때 충격을 받으셨나요?" 하는 질문을 자주 받곤 합니다. 이와 관련해서 예전에 경험했던 일을 이야기해 보겠습니다.

　저는 대학교 학장과 이사장을 역임했는데 직접 환자를 대하는 일을 좋아하다 보니 임상 현장에서 오래 떨어져 있는 것이 여간 아쉽지 않았습니다. 쓸쓸하다는 생각까지 들었던 것 같습니다. 치매 돌봄의 한 개념인 '인간 중심 케어Person Centered Care'를 진료에 적극적으로 활용하고 싶은 바람이 정말 컸으니까요. 그래서 퇴임하자마자 2006년 무렵부터 약 8년 동안, 가와사키 시내에서 정신과의로 일하고 있는 아들의 진료소에서 한 달에 몇 차례씩 진료를 했습니다. 그때의 일입니다.

어느 날, 치매 판정을 받은 고령의 남성이 세컨드 오피니언 second opinion(더욱 정확한 판단을 위해 주치의 외의 다른 의사에게 의견을 구하는 것-역주)을 듣고 싶다며 저를 찾아왔습니다. 당사자와 가족의 말에 의하면 눈이 내리는 날 잠옷을 입은 채 밖으로 뛰쳐나가 돌아다니다가 집을 찾지 못해 헤매고 있는 것을 이웃이 발견하고 연락해 준 일도 있었다고 합니다. 우선 "앉으십시오" 하고 의자를 권하자 그는 등받이 없는 의자를 마치 등받이가 있는 것처럼 행동하며 앉으려고 했습니다. 어색한 몸동작 끝에 의자에 앉은 그는 "선생님, 궁금한 게 있는데 여쭤봐도 괜찮을까요?" 하고 물었습니다. 당연히 현재 몸 상태나 치료법 등에 관한 질문일 거라고 생각했습니다. "물론입니다. 말씀해 보시죠" 하고 내가 대답하자 그는 이렇게 말했습니다. "왜 제가 알츠하이머에 걸린 걸까요? 다른 사람이 아닌 제가 말입니다." 그때 환자의 표정이 너무도 진지해서 마치 전신에서 슬픔이 배어 나오는 듯한 느낌이었습니다.

여러분이라면 뭐라고 대답하겠습니까? 저는 아무 대답도 할수가 없었습니다. 치매에 걸린 사람이 생사를 건 심정으로 부딪혀 올 때는, 그 자리를 모면하려는 임시방편의 대답이나 어설픈

위로는 통하지 않습니다. 그런 상황에서는 상대가 무슨 말을 하든 끝까지 듣겠다는 자세로 고통과 슬픔을 함께할 수밖에 없다는 것을 그때까지의 임상 경험을 통해 절실히 느끼고 있었습니다.

잠시 "치매에 걸렸다고 해도 인간의 본질이 바뀌지는 않아요"라는 말이 머릿속에 맴돌았지만 하지 않았습니다. 그보다는 나도 당신과 함께 아파하고 고민하겠다는 마음을 전하는 게 더 필요해 보였기 때문입니다. 그래서 그분의 손 위에 제 손을 포개 올리고 "그러게요" 하면서 손을 꼭 쥐어 주었습니다. 지금 생각해도 그때 제가 할 수 있는 일은 그것뿐이었던 것 같습니다.

그 남성은 회사에서 중요한 직책을 맡고 있었습니다. 아마도 본인으로서는 '왜 내가? 나쁜 일을 한 적도 없고 나름대로 열심히 일하며 살아왔는데 왜 이런 일을 당해야 하는 거지?' 하는 마음이 강했겠지요. 당시는 지금보다도 치매에 대한 이해의 폭이 넓지 않았을 때니 상당히 큰 충격이었을 겁니다.

그러면, 저는 어땠느냐고요? 충격이 아니었다고 하면 거짓말이겠지만 그렇다고 현실을 부정하고 싶지도 않았습니다. '치매에 걸린 건 어쩔 수 없다. 나이 들었으니까. 장수하면 누구나 걸리기 마련이니까 어쩌면 이건 자연스러운 일이다' 이런 심정이었습니다. 그래서 이미 일어난 일이니 어쩔 수 없다고 빨리 인정해 버렸습니다. 이런 감정을 느꼈던 데는 신앙의 영향도 있었을지 모릅니다. 신이 신앙을 주고 지켜 준다는 믿음이 있기에 담담하게 있는 그대로를 받아들일 수 있었는지도 모릅니다.

그렇다고 해서 안타깝고 초조한 마음이 없었던 것은 아닙니다. 왜 안 그렇겠습니까. 은퇴 후 하고 싶었던 일들은 고사하고 오늘이 몇 월 며칠인지, 무슨 요일인지조차 알 수 없는데 말입니다.

치매의 대표적인 유형에는 알츠하이머형 치매, 혈관성 치매, 루이소체형 치매, 전두측두형 치매 등이 있는데, 그중 가장 많은 부분을 차지하는 알츠하이머형 치매의 경우 가장 먼저 시간을 가늠할 수 없게 되고, 그다음에는 장소를 알 수 없게 되며, 마지막으로 사람의 얼굴을 알아보지 못하게 됩니다.

저는 이 세상을 살아가는 동안에는 어떻게든 병의 진행을 늦춰서, 가능하면 사람의 얼굴을 알아보지 못하는 단계는 저세상에 간 후로 미루고 싶었습니다. 가족의 얼굴을 알아보지 못한다는 건 너무나 괴로운 일이니까요. 그리고 얼굴을 알아보지 못하게 되면 삶의 마지막 순간도 가까워졌다는 의미가 되겠지요.

문득 성 마리안나 의대에 근무하던 시절 한 선배가 했던 말이 생각납니다. "네 자신이 같은 병에 걸리지 않는 한, 너의 연구는 진짜가 아니야. 인정할 수 없어"라고 말했었지요. 그 선배에게 지금이라면 말할 수 있습니다. "저도 진짜가 되었습니다" 하고 말입니다.

_____ 치매에 걸린 사실을 세상에 알린 이유

"치매에 걸린 사실을 감추고 싶어 하는 사람도 많은데 선생님은 왜 공표하셨나요?"라는 질문을 많이 받습니다. 그건 무엇보다도 치매에 관해 여러분에게 정확한 지식을 알려 주고 싶어서입니다. 치매를 앓는 사람은 슬프고 괴롭고 안타까운 마음을 품고 매일을 살아가고 있습니다. 그 사실을 너무나도 잘 알기에 치매 당사자를 어떻게 대해야 하는지를 여러분이 꼭 알았으면 했습니다. 치매 상황을 이해하고 버팀목이 되어 주는 존재, 그리고 그런 인식과 분위기가 치료에 반드시 필요하다고 믿기 때문입니다.

"괜찮아요. 우리가 곁에 있으니까 안심하세요." 이런 메시지를 전해 주는 존재가 있으면 치매에 걸렸더라도 얼마나 든든하고 마음이 놓이겠습니까. 또한 치매 당사자를 단순히 지켜보기만 하는 게 아니라, 공감하고 함께 걸어가고자 한다면 얼마나 용기가 날까요. 실제로 이런 선구적인 방침을 내세운 지방자치단체도 나오고 있습니다.

치매라고 하면 주로 의료와 간병에 초점을 두고 생각하게 되지만 주거 안정이나 교통 수단, 일과 삶에서 보람 찾기, 명의 도용이나 소비자 피해 방지, 금전 관리와 재산 보호, 인권 옹호 등 치매와 관련해 마련해야 할 대책은 다양한 분야에 걸쳐 있습니다. 치매에 걸린 사람이 안심하고 지낼 수 있으려면 치매 당사자에게 친절한 '지역'이 만들어져야 합니다.

지방자치단체 가운데는 치매에 관한 조례를 설치하고(와카야마현 고보시 등), 치매 당사자가 사고를 당할 경우 필요한 구제제도 마련(고베시 등), 치매 당사자를 지역 차원에서 보호해야 한다는 의식을 타 지역 주민과 함께 공유하고 양성하는(후쿠오카현 오무타시) 등 독자적으로 대책을 마련하고 추진하는 지역들이 생겨나고 있습니다.*

치매를 스스로 밝힌 이유를 한층 파고들면 '나 자신이 더욱 잘

＊　치매 당사자에게 친절한 지역 만들기 방침을 펼칠 때 관민 연계 방식을 고찰한 자료로는 〈치매 대책에 있어 관민 연계 모범사례에 관한 조사연구 사업보고서〉(2018년도 노인 보건사업 추진비 등 노인 보건건강 보조금 증진 사업)를 참고할 만하다.

살아가기 위해서'라고 해도 좋을 것입니다. 살아 있는 동안 타인과 사회에 조금이라도 보탬이 되고 싶었고, 정말로 도움이 될지 안 될지는 몰라도 치매를 있는 그대로 알려 주는 일이야말로 내가 살아가는 이유라고 생각했습니다. 좀 더 정확히 설명하면, 살아가는 이유인 동시에 죽음을 맞이하는 나만의 방법이라고 느끼고 있습니다. 앞으로 어떻게 될지 저 자신도 모릅니다. 증상이 점점 심해져 끝내 기억이 없어질지도 모릅니다. 매우 불편할 뿐만 아니라 하고 싶은 일을 할 수 없는 안타까움 그리고 끝까지 해낼 수 없는 데서 솟는 분노와 애달픔도 있을 것입니다. 그런 생각을 하면 아직 젊고 왕성하게 일할 나이에 치매에 걸린 분들은 한창 자라나는 자녀나 생계에 대한 걱정도 있을 터이니 더욱 괴로울 거라고 생각이 됩니다.

하지만 예상 외로 진행이 더뎌서 죽음의 문턱까지 갔을 때 증상이 심해진다든가, 진행 속도 자체를 늦출 수 있을지도 모릅니다. 그건 아무도 모르는 일입니다. 저는 어차피 모르는 일이라면 모르는 대로 일단 지금 할 수 있는 일에 최선을 다하겠다고 마음먹었습니다. 꼬박꼬박 약을 먹으면서 제가 느끼고 생각하는 것을 사람들에게 전해 주면서 살아야겠다고 말입니다.

저는 젊었을 때부터 정신적으로 우울하고 비관적인 마음이 들

때가 가끔 있었습니다. 그런 저에게 치매에 걸려 '아무것도 모르는 상태'가 된다는 데 대한 공포심은 상당히 컸습니다. 하지만 언제까지고 그런 마음으로 지낸다면 신체와 정신 건강에 결코 좋지 않으리란 걸 알기에, 나약해지는 마음을 스스로 꾸짖고 격려하면서 지금 할 수 있는 일을 하자고 마음먹었습니다. 그래서 치매라는 사실을 공표하고 저의 경험을 세상에 이야기하기 시작한 것입니다.

_____ '치매=끝'이 아닙니다

사실 처음에 저는 알츠하이머형 치매가 아닐까 의심했습니다. 그런데 전문병원에서 세밀한 검사를 받아 보니 다른 유형의 치매였습니다. '은친화 과립성 치매argyrophilic grain dementia'. 낯선 용어입니다만 80대 이상의 고령기에 나타나기 쉽고 진행 속도가 더딘 유형입니다. 건망증 외에도 화를 잘 내게 되지요.

은친화 과립성 치매는 뇌의 기억을 관장하고 있는 부분에 '은친화 과립'이라는 의심스러운 단백질이 쌓이는 데서 명명되었습니다. 기억장애 외의 인지기능 저하는 그다지 두드러지지 않지만 화를 잘 내고 고집이 세지는 경향 외에도 불안, 초조, 울병 등의 증상이 나타납니다. 임상 검진으로는 확정 진단을 내리기 어려워 병리학적 검사가 필요한 병이기도 합니다.

저는 이처럼 80세가 지나서 생기는 치매를 '말년기 치매'라고 부릅니다. 앞서 말한 것처럼 고령화사회에서는 말년기 치매에 걸리는 사람이 점점 늘어날 것입니다. 그러므로 절대 남의 이야기가 아닙니다. 내 일이라고 생각하고 미리 치매에 관해 제대로 알아 두어야 합니다. 매우 중요한 일입니다.

처음 치매 진단을 받고 나서 일 년이 지났을 무렵, 다시 검사를 받아 보려고 전문병원을 찾았습니다. 문진과 MRI(자기공명영상) 등 화상 검사를 받은 후에 신경심리검사를 받았습니다.

기억을 담당하는 뇌의 해마는 다행히도 거의 위축 현상이 진행되지 않았고 신경심리검사 결과도 상당히 좋아 전체적으로 진행 속도가 매우 느리다는 결과가 나왔습니다. 제 경우에는 치매에 걸린 사실을 공표하고 나서 취재를 받느라 사람들을 만나기도 하고 여기저기 불려 다니며 이야기를 할 기회가 늘어난 것이 오히려 병의 진행 속도를 늦추는 데 도움이 된 것 같습니다. 그때까지 일밖에 모르던 제가 이 나이가 되고 나서 새로운 사람들을 만나고 가보지 못했던 지역을 다니면서 마음과 신체의 재활 치료가 되고 자극을 받은 것이지요. 하지만 이해력과 판단력은 명백하게 쇠약해졌다고 진단받았습니다. 그러한 증상을 보완하는 데는 주위의 도움이 필요했습니다.

저는 아내와 둘이 살고 있습니다. 아내는 제게 아주 잘해 줍니다. 아니, 생살여탈권을 완전히 쥐고 있지요. 저보다 나이는 아래지만 성실하며 밝고 의지가 되는 사람입니다. 지금의 제가 있는 것은 모두 아내 덕분이라고 생각합니다. 그리고 자식도 셋 있습니다. 감사하게도 모두 저를 지지하고 잘 돌봐 줍니다. 제가 어느 정도 평상시와 가까운 생활을 하고 있는 것은 모두 가족의 도움이 있기 때문입니다.

_____ 가슴 아픈 첫 실수

치매 진단을 받은 후 일어난 일들 가운데 부끄러운 기억이 있습니다. 오랜 세월의 경험에서 저는 제가 알츠하이머형 치매일 거라고 생각했는데, 검사 후 알츠하이머형 치매는 아니라고 밝혀져 조금은 안도했습니다. 그런데 진단 직후에 열린 취재 인터뷰와 강연에서 제가 그만 알츠하이머형 치매가 아니어서 다행이라고 말해 버렸던 겁니다. 나중에 아내와 아이들에게 지적을 받고서야 '어라? 내가 그런 말을 했던가?' 하며 무척 반성했습니다. 혹시라도 어떤 계기로 제가 실수한 발언을 접하고 상처받은 분이 있다면 정말 죄송하기 이를 데 없습니다. 알츠하이머형 치매 당사자와 그 가족에게 상처를 입히는 일은 제 본의가 아닐뿐더러 한평생 직업으로서 지켜온 신념과 정반대되는 일임을 말씀드리고 싶습니다.

알츠하이머형 치매가 아니어서 다행이라고 한 말은 알츠하이머가 어떻다기보다는 진행이 더디다고 알려진 유형의 치매라는 것을 알고, 벌여 놓은 일을 마무리할 시간이 남아 있어 다행이라고 생각했다는 뜻이었습니다. 예전 같았으면 얼마든지 세심하게 배려할 수 있었던 일인데 이제 그럴 수 없게 되었다는 현실이 실감 나더군요. 말이나 행동을 한 그 자리에서는 스스로 잘 깨닫지 못합니다. 누군가 지적해 주거나 한참이 지나서야 어떤 순간의 우연이나 계기를 통해 깨닫고 반성하게 됩니다.

어떻든지 간에 제가 치매인 사실은 변함없고, 치매라는 사실을 부끄럽게 생각하거나 숨기고 싶은 마음도 없습니다. 자신이 치매라는 사실을 주위에 밝히고 말고는 각자의 자유입니다. 사람마다 생각과 의견은 다양하니까요. 하지만 저는 치매라는 사실을 주변 사람들에게 사실대로 말하고 교류하는 편이 좋다고 생각합니다. 치매 당사자가 스스로 치매라는 질환과 똑바로 마주하면서 말입니다. 그리고 이 사회가 적어도 치매 당사자를 깔본다거나 부끄러운 일로 여기는 사회가 아니기를 바랍니다.

2장

우리는 죽음보다
먼저 치매를 맞게 될지도
모릅니다

2장 。우리는 죽음보다 먼저 치매를 맞게 될지도 모릅니다

_____ 아무것도 모르게 되는 병?

이제부터는 치매란 무엇인지에 대해 이야기해 보려고 합니다. 대개 치매를 '뇌 질환' 또는 '아무것도 모르게 되는 병'이라고 말하는데, 좀 더 정확히 말하면 치매는 '성년기 이후에 기억이나 언어, 지각, 사고에 관한 뇌의 기능이 저하되어 일상생활에 지장을 초래하는 상태'를 말합니다. 인지기능에 장애를 안고 태어난 선천성 질병도 아니고 정상적인 노화의 일부도 아닙니다. 정상적으로 발달한 뇌의 신경세포가 외상이나 감염증, 또는 혈관 장애 같은 다양한 질병과 원인으로 인해 손상되어 장애를 입었을 때 일어나는 현상이 바로 치매입니다.

치매의 특징을 조금 더 상세히 말해 보면, 우선 뇌에 기질적器質的 장애가 생겨 인지기능이 저하된다는 점을 들 수 있습니다. 이때 '기질적 장애'란 뇌의 신경세포와 신경세포 간의 연결이 제 기능을 하지 못하게 되는 상태를 가리킵니다. 뇌 신경계를 구성하고 있는 신경세포는 복잡하고 정교한 네트워크를 만들어 언어를 비롯한 다양한 정보를 전달합니다. 이 네트워크 상태가 그 사람의 지성과 개성을 결정한다고 해도 과언이 아닙니다. 다시 말해 이 네트워크의 기능이 저하되면 인지기능이 떨어집니다.

의식 장애가 없다는 점도 치매의 특징입니다. 말을 걸어도 대답이 없다거나 의식이 혼탁한 경우와는 구별되는 것이지요. 다만 '섬망譫妄'이라는 가벼운 의식 장애가 생기면 건망증 등 치매와 비슷한 증상을 일으키기도 합니다. 또한 탈수증이나 감염증, 약의 과잉 투여 역시 의식 장애를 일으키기 쉬우므로 주의해야 합니다.

인지기능의 장애와 함께 일상생활에 지장이 생기는 것도 치매의 중요한 특징으로 꼽을 수 있는데, 일상생활에 지장이 나타나는 기간은 일시적이 아니라 지속적인 현상입니다.

그런가 하면 뇌의 기질적인 장애가 원인으로 작용해 감정과 행동 면에서 여러 가지 변화를 보이기도 합니다. 가령 이미 밥을 먹었는데도 기질적 장애인 기억 장애로 인해 그 사실을 기억하지 못하고 "왜 밥을 안 줘?" 하고 소란을 피우거나 갑자기 화를 내며 폭력을 휘두르는 사람들이 있습니다. 이런 행동은 기질적 장애에 수반해 일어나는 변화라 할 수 있습니다. 전문가들은 이렇게 부수적으로 일어나는 분노와 폭력, 폭언, 의심 같은 감정과 행동을 'BPSDBehavioral and Psychological Symptoms of Dementia(치매에 따른 행동심리증상)'라고 부릅니다.

WHO(세계보건기구)가 제시한 국제질병분류 제10차 개정판(ICD-10)에 치매의 대표적인 정의가 잘 명시되어 있습니다. 이 자료에 따르면 치매란 '대개 만성 또는 진행성 뇌질환으로 인해 생기며 기억, 사고, 지남력指南力, 이해, 계산, 학습, 언어, 판단 등 다양한 고차뇌기능 장애가 발생하는 증후군'입니다. 일본의 경우 개호보험법에서 다음과 같이 치매를 정의하고 있습니다. 행정과 관련된 사안에서 특히 이 정의를 사용하는 경우가 많습니다.

"뇌혈관 질환, 알츠하이머병, 그 외의 요인에 근거하는 뇌의 기질적 변화로 인해 일상생활에 지장이 생길 정도로 기억 기능 및 그 외 인지기능이 저하된 상태를 가리킨다."(제5조 2항)

＿＿＿＿ 치매의 본질은 일상생활장애입니다

　　사전적 정의는 앞서 설명한 대로이지만 이 분야에 오랜 세월 동안 몸담아 온 저의 시각으로 보자면, 치매의 본질은 '지금까지의 일상생활을 지속할 수 없는 상태'라고 할 수 있습니다.

　일상생활이란 아침에 일어나서 세수하고 밥을 먹는 일 그리고 외출할 준비를 한다거나 집을 정리하고 청소와 세탁을 하는 일 등을 말합니다. 치매에 걸리면 그때까지 생활 속에서 당연하게 해왔던 일을 제대로 할 수 없게 됩니다. 그래서 치매의 본질은 '일상생활의 장애' 또는 '생활 장애'인 것입니다.

　생각만 해도 괴롭고 두렵지만 나이 드는 일이 삶의 자연스러운 과정인 것처럼 치매도 '아, 나에게도 이제 치매가 왔구나' 하며 받아들이고 잘 포용하면서 살아가면 됩니다. 이때 중요한 것은 "사실 저는 치매예요" 하고 말할 수 있는 사회 분위기가 마련되어야 한다는 점입니다.

　특히 일상생활은 주변 사람들과의 관계에 따라 환자마다 큰 차이가 납니다. 주위 사람들이 치매 당사자와 함께 생활할 때 필요한 지식과 기술을 알고 있으면 치매 당사자의 상태도 훨씬 더 좋아질 수 있습니다.

가장 중요한 것은 주변에서 치매 당사자를 그 상태 그대로 받아들여 주는 일입니다. "저는 치매입니다"라는 말을 들으면 "그래요? 하지만 문제없어요. 우리가 도울 테니까 너무 걱정하지 마세요" 하고 안심시켜 주면서 여러 가지 지혜를 짜내는 것이 좋습니다. 그리고 무엇보다 상대를 그때까지와 똑같이 대해야 합니다. 변함없는 태도로 대한다는 것은 치매 당사자를 자신과 동등한 '인격체'라고 생각하는 일입니다. 이것은 정말 중요합니다. 주위 사람들이 여러모로 도와준다고 해도 치매 당사자를 환자로서만 대하며 삶에서 배제해 버리면 아무 의미가 없습니다. 실천하기 어려운 일이라는 것은 알지만, 상대의 입장이 되어서 아무렇지도 않은 듯 지원의 손길을 내미는 배려가 있어야 합니다.

사람은 누구나 이제 무엇을 해야 좋을지 모를 때 불안해지기 마련입니다. 치매 당사자는 계속해서 그런 상황에 처합니다. 그러므로 그 심정을 헤아려서 앞으로 할 일을 분명히 설명해 주는 것이 좋습니다. 아주 중요합니다. 주위 사람들이 이렇게 대해 주면 치매 당사자는 무척 안심이 될 것입니다. 눈높이를 같게 하고 치매 당사자의 입장에 서서 배려하는 사람이 많아지면 좋겠습니다.

_____ 기억을 놓치는 알츠하이머형 치매

치매라고 하면 알츠하이머형 치매를 떠올리는 사람이 가장 많을 겁니다. 제가 치매에 걸렸음을 자각하고 나서 가장 먼저 의심한 것도 알츠하이머형 치매였습니다.

알츠하이머형 치매는 독일의 정신과 의사인 알로이스 알츠하이머Alois Alzheimer, 1864~1915 박사가 최초로 증례를 보고한 데서 그의 이름을 따 병명이 붙여졌습니다.

세계 최초로 확인된 환자는 독일에 사는 아우구스테 데터Auguste Deter라는 여성이었습니다. 그녀에게 두드러지게 나타난 증상은 질투와 망상이었습니다. 남편이 바람을 피운다고 생각하고는 남편과 이웃 여성에게 폭력을 휘두르기도 하고 누군가가 자신을 해치려 한다고 주장하거나 주위 사람들이 온통 자신의 험담을 한다고 믿게 되었지요. 그녀는 50대이던 1900년대 초반에 독일 프랑크푸르트에 있는 병원에 입원했다가 5년쯤 뒤에 폐렴을 일으켜 사망했다고 합니다.

알츠하이머 박사가 아우구스테 데터의 뇌를 해부해 병리학적 검사를 실시한 결과, 현저한 뇌의 위축과 뇌내 신경세포의 이탈, 노인반senile plaque이라고 불리는 기미 같은 반점, 신경세포체 속의 섬유 매듭 등 특징적인 변화를 발견했습니다. 이 증례 보고는 내용이 매우 상세해서 나중에 그 공적을 기리는 의미로 알츠하이머형 치매라고 이름 붙여 널리 사용하게 됐습니다.

알츠하이머형 치매는 뇌의 신경세포 외측에 노인반이라는 이상 구조를 많이 보이는데, 이는 아밀로이드 베타라는 단백질이 침착되어 마치 기미처럼 생성됩니다. 노인반이 생기고 나면 신경세포 속에 비정상적인 섬유가 축적된 신경섬유매듭neurofibrillary tangle이라는 병리 변화가 나타나고 신경세포가 죽어갑니다. 아밀로이드 베타가 쌓이기 시작하고부터 10~15년 넘게 치매가 천천히 진행됩니다. 다만 아밀로이드 베타가 축적되어도 치매 증상이 나타나지 않는 사례도 있습니다.

알츠하이머형 치매에 걸리면 건망증 같은 기억 장애나 시간과 장소 등을 알지 못하는 지남력 장애 등 다양한 형태의 인지 장애가 일어나 일상생활에 지장을 초래합니다. 시간이 지나면서 서서히 진행되다가 증세가 심해지면 스스로 음식을 먹거나 옷을 갈아입는 일 등을 비롯해 의사소통조차 할 수 없게 됩니다. 혼자 앉는 것도 불가능해져 자리보전을 하게 되고 마침내는 의식을 잃고 혼수상태에 빠져 죽음을 맞이하게 되지요.

다만 진행 속도는 개인마다 차이가 있다는 점에 주의해야 합

[대표적인 치매의 종류]

전두측두형 치매

뇌의 전두엽과 측두엽에서 신경세포가 감소해 뇌가 위축되어 발생한다.

[증상]
감정을 억제하지 못하고 사회 규칙을 지키지 못하는 일이 자주 일어난다.

루이소체형 치매

뇌 내에 쌓인 루이소체라는 특수한 단백질이 뇌의 신경세포를 파괴해 발생한다.

[증상]
현실에 없는 것이 보이는 환시 증상이나 손발 떨림, 또는 근육이 굳어지는 증상이 나타난다. 보폭이 좁아져 잘 넘어진다.

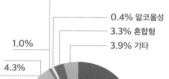

0.4% 알코올성
3.3% 혼합형
3.9% 기타
1.0%
4.3%
19.5%
67.6%

혈관성 치매

뇌경색과 뇌출혈로 인해 뇌세포에 충분한 혈액이 공급되지 않아 뇌세포가 사멸하여 발생한다. 고혈압이나 당뇨병 등 생활습관병이 주요 원인으로 작용한다.

[증상]
뇌혈관 장애가 일어날 때마다 단계적으로 진행된다. 손상을 입은 부위에 따라 증상이 다르게 나타난다.

알츠하이머형 치매

뇌 내에 쌓인 이상 단백질에 의해 신경세포가 파괴되어 뇌에 위축 현상이 일어난다.

[증상]
옛날 일은 잘 기억하지만 최근의 일은 잊어버린다. 가벼운 건망증이 서서히 진행되다가 마침내는 시간과 장소를 인지하는 감각이 없어진다.

출처 후생노동성 자료를 토대로 작성함. [데이터는 〈도시부에서의 치매 유병률과 치매의 생활 기능 장애에 대한 대응〉(2013년 5월 보고) 및 〈'치매 고령자의 일상생활 자립도' II 이상인 고령자 수에 관하여〉(2012년 8월 공표)를 인용]

니다. 중증 상태가 되어도 간단한 대화를 할 수 있는 경우가 있는 반면에, 사람에 따라서는 폭력을 휘두르거나 혼자서 밖으로 나가 버리는 증상이 나타나기도 합니다. 현재 치매를 앓고 있는 사람의 60% 이상이 알츠하이머형 치매입니다.

_____ 감정 기복이 심한 혈관성 치매

과거 일본을 포함한 동양권에서 가장 많이 보고됐던 유형은 혈관성 치매Vascular dementia였습니다. 혈관성 치매는 뇌경색이나 뇌출혈 등 뇌의 혈관성 장애로 인해 일어나는 치매입니다. 뇌경색은 뇌의 혈관이 막혀 혈관 일부로 혈액이 흐르지 못해 그 부분의 뇌가 작동하지 않게 되는 질환이지요. 뇌출혈은 뇌의 혈관이 터져 출혈이 일어난 부분의 뇌세포가 압박되어 일어납니다. 뇌의 혈관이 막히거나 출혈이 일어나면 뇌세포에 산소와 영양이 공급되지 않아 세포가 망가지게 되고, 그로 인해 본래 세포가 담당하는 기능을 잃어 치매가 발생하는 것입니다.

혈관 질환을 일으키는 주요 원인은 동맥경화입니다. 동맥경화의 위험인자로는 고혈압, 당뇨병, 심질환, 고지혈증, 흡연 등이 있습니다. 일본에는 짠 음식이 많았기 때문에 혈관성 치매의 발생률이 높았지만, 오늘날에는 생활습관병 예방에 대한 인식이 높아지면서 혈관성 치매 예방에도 도움이 되고 있습니다. 혈관성 치매의 증상으로는 기억 장애 외에도 보행 장애가 많이 일어나며 배뇨 장애가 동시에 생기기도 하고 감정을 조절하지 못해 사소한 일에도 금세 울거나 화를 내는 '감정실금emotional incontinence'이 나타납니다. 과도한 감정 표현이 시도 때도 없이 일어나고 감정 기복이 심하게 나타나는 것이 바로 혈관성 치매의 특징이라고 할 수 있습니다. 이러한 증상은 여성보다 남성에게서 더 두드러집니다.

_____ 환시 증상, 루이소체형 치매

'루이소체형 치매Lewy body dementia'라는 병명을 들어 본 적이 있을 것입니다. 루이소체는 신경세포에 생기는 특수한 단백질을 가리키는데 이 단백질이 뇌의 대뇌피질과 뇌간에 많이 모이면 신경세포를 파괴해서 치매 증상을 일으킵니다. 대뇌피질은 인간이 무언가를 생각할 때 중추적인 역할을 담당하고 뇌간은 호흡과 혈액 순환 등 사람이 살아가는 데 없어서는 안 되는 역할을 담당하는 부분입니다. 루이소체는 파킨슨병에서도 나타나기 때문에 루이소체형 치매인 사람은 파킨슨병 환자와 증상이 비슷합니다. 손발이 떨리고 동작이 느려지며 근육이 굳고 신체의 균형을 잡기 어려워집니다. 그래서 곧잘 넘어지기도 합니다.

루이소체형 치매의 가장 대표적인 특징은 '환시' 현상입니다. 초기 단계에서는 기억 장애보다 환시 증상이 나타나는 경우가 많아서 치매라고 생각하지 않는 사람이 많습니다. 아마도 대부분 치매라고 하면 건망증을 가장 먼저 떠올리기 때문이겠지요. 하지만 치매의 증상은 모두 똑같지 않습니다. 루이소체형 치매 환자는 뚜렷한 환시를 호소합니다. 집안에 벌레가 있다고도 하고 모르는 사람이 들어와 있다고도 합니다. 다른 사람에게는 보이지 않더라도 본인에게는 자꾸 뭔가 보이기 때문에 말하는 것이니, 다짜고짜 부정하거나 비웃지 말고 이야기를 잘 들어 주는 자세가 중요합니다.

루이소체형 치매의 존재를 밝혀낸 인물은 일본의 정신과 의사 고사카 겐지小阪憲司 요코하마 시립대 명예교수입니다. 1976년에 그가 치매 환자의 대뇌피질에서 루이소체를 발견함으로써 루이소체형 치매가 세상에 알려졌습니다.

사회성 저하, 전두측두형 치매

'전두측두형 치매Frontotemporal dementia'도 대표적인 치매의 한 종류입니다. 전두측두형 치매는 뇌의 전두엽과 측두엽이 위축되어 혈류 기능이 저하됨에 따라 여러 가지 증상이 생기는 치매입니다. 전두엽은 사고와 감정의 표현, 판단을 통제하는 기관으로 인격과 이성적인 행동, 사회성에 크게 관여합니다. 그리고 측두엽은 언어 이해, 청각, 미각뿐만 아니라 기억과 감정을 담당하지요. 전두엽과 측두엽은 모두 뇌의 중요한 기능을 담당하고 있기 때문에 이 두 부분의 기능이 저하되면 사람의 인지능력과 행동에 큰 영향을 미칠 수밖에 없습니다.

전두측두형 치매의 특징은 인격의 변화와 상식에서 벗어난 행동을 유발한다는 점입니다. 실제 사례를 보면, 공무원이었던 사람이 남의 가게에서 물건을 훔치는 일이 일어났는데 그 이유를 조사하는 과정에서 전두측두형 치매라는 사실이 밝혀진 적도 있습니다. 사회성이 저하되고 문제가 발생하는 일이 많아서 이 치매의 특징을 잘 이해하지 못하면 본인도 가족도 무척 힘들어집니다. 억제능력이 떨어지고 똑같은 일을 여러 차례 되풀이하기도 합니다. 또한 다른 사람의 의견이나 감정에 공감하지 못하게

되고 감정이입이 불가능해지는 등 감정이 둔해지는 증상도 나타
납니다. 전두측두형 치매는 65세 미만의 연령대에서 비교적 많
이 발생한다고 알려져 있습니다.

이밖에도 치매의 종류나 치매를 일으키는 질환은 많습니다.

[인지기능 모델]

표현한다

사고

대뇌

운동 영역

종합 판단　언어 1

지각 영역

본다

전두전야

시각 영역

언어 2

기억

말한다

뇌간　소뇌

척수

듣는다

출처 〈알기 쉬운 고령자의 치매와 우울증よくわかる高齢者の認知症とうつ病〉

　2장 우리는 죽음보다 먼저 치매를 맞게 될지도 모릅니다

치매와 치매 유사 증상을 일으키는 주요 질환

1. **중추신경 변성 질환**
   알츠하이머형 치매
   전두측두형 치매
   루이소체형 치매
   진행성 핵상성 마비progressive supranuclear paralysis
   대뇌피질 기저핵변성증
   헌팅턴병Huntington's disease
   은친화 과립성 치매
   신경섬유매듭형 노년기 치매
   기타

2. **혈관성 치매(VaD)**
   다발경색성 치매Multi-infarct dementia
   전략뇌경색 치매strategic infarct dementia
   뇌 소혈관 병변성 치매
   저관류성hypoperfusion
   뇌출혈성cerebral hemorrahage
   만성 경막하혈종chronic subdural hematoma
   기타

3. **뇌종양**
   원발성(일차성) 뇌종양primary brain tumor
   전이성(이차성) 뇌종양metastatic brain tumor
   연수막 암종증leptomeningeal Carcinomatosis

4. **정상압 수두증**

5. 두부외상

6. 무산소성 혹은 저산소성 뇌증

7. 신경감염증
   급성 바이러스성뇌염(단순 헤르페스뇌염 Herpes simplex encephalitis,
   일본뇌염 Japanese encephalitis 등)
   HIV감염증(AIDS)
   크로이츠펠트-야콥병 Creutzfeldt-Jakob disease
   아급성 경화성 전뇌염 subacute sclerosing panencephalitis
   아급성 풍진 전뇌염
   진행마비(신경매독) general paresis
   급성 화농성수막염 acute purulent meningitis
   아급성·만성수막염(결핵, 진균성) subacute·chronic meningitis
   뇌종양
   뇌기생충
   기타

8. 장기부전 및 관련 질환
   신부전 renal failure, 투석치매 dialysis dementia
   간부전 liver failure, 간문맥전신단락 portosystemic shunt
   만성심부전 chronic heart failure
   만성호흡부전 chronic respiratory failure
   기타

9. 내분비 기능이상증 및 관련 질환
   갑상선 기능저하증 hypothyroidism
   뇌하수체 기능저하증 hypopituitarism
   부신피질 기능저하증 hypoadrenocorticism

부갑상선 기능항진 또는 저하증 hyperparathyroidism 또는 hypoparathyroidism

쿠싱 증후군 Cushing's syndrome

반복성 저혈당

기타

10. 결핍성 질환 · 중독성 질환 · 대사성 질환

알코올 의존증

마르키아파비-비냐미병 Marchiafava-Bignami disease

일산화탄소 중독

비타민B1 결핍증(베르니케-코르사고프 증후군 Wernicke-Korsakoff syndrome)

비타민B12 결핍증, 비타민D 결핍증, 엽산 결핍증

니코틴산 결핍증(펠라그라 pellagra)

약물중독

A) 항암제(5-FU, 메토트렉사트, 시타라빈 등)

B) 향정신제(벤조디아제핀계 항울제, 항정신병제 등)

C) 항균제

D) 항경련제

금속중독(수은, 망간, 납 등)

윌슨병 Wilson's disease

요소회로 효소 결핍증 urea cycle disorder

기타

11. 탈수 질환 등의 자기면역성 질환

다발성 경화증 multiple sclerosis

급성 파종성 뇌척수염 acute disseminated encephalomyelitis

베체트병 Behcet's disease

쇼그렌증후군 Sjogren's syndrome

기타

12. 축적병
　만발성 스핑고리피드증 spingolipidosis
　부신백질이영양증 adrenoleukodystrophy
　뇌건황색종증 cerebrotendinous xanthomatosis
　신경세포 내 세로이드 리포푸스신증 ceroid lipofuscinosis
　당뇨병
　기타

13. 기타
　미토콘드리아 뇌병증 mitochondrial disorder
　진행성 근육퇴행위축 progressive muscular dystrophy
　파르병 fahr's syndrome
　기타

_____ 치유되는 치매도 있다

　　과거 치매를 정의한 말 중에는 '낫지 않는다'는 기준이 있었습니다. 하지만 지금은 치료와 회복이 가능한 치매도 있다는 사실이 밝혀져 정의에서 제외되었습니다. 그러므로 다른 병과 마찬가지로 치매 역시 조기 진단이 중요하다는 말을 전하고 싶습니다.

　　물론 현재 치매를 고칠 수 있는 약은 없습니다. 그래서 조기에 진단을 받은들 아무 의미가 없다고 생각하는 사람도 있을지 모릅니다. 실제로 '조기 진단, 조기 절망'이라는 말을 진료 현장과 치매 당사자에게서 자주 들었습니다. 그러나 '정상압 수두증normal pressure hydrocephalus'과 같이 치유될 가능성이 있는 치매는 조기에 발견하면 빨리 치료를 시작할 수 있습니다.

정상압 수두증은 뇌내에서 생성되는 뇌척수액이 뇌실 내에 쌓여 주위의 뇌를 압박해 일어나는 질환입니다. 뇌실 주변이 압박을 받으면 신경세포가 손상되어 치매와 비슷한 증상인 의욕과 집중력, 기억력 저하 현상이 나타납니다. 보행 장애가 일어나기도 하고 파킨슨병과 같이 보폭이 좁아져 걸을 때 휘청거리기도 합니다. 또 요실금 증상이 많이 나타나는 것도 정상압 수두증의 특징입니다. 하지만 뇌척수액을 뇌실 밖으로 내보내는 수술로 치료할 수 있습니다.

비록 치유 가능성이 없는 유형이라고 해도 조기 진단을 받는 것은 중요합니다. 기억을 잃을 경우에 대비하고, 판단력이 확실할 동안에 자신이 앞으로 어떻게 살아가고 싶은지를 생각하면서 여러 가지 준비를 해둘 수 있기 때문입니다. 충격적인 결과가 나올까 두려워 검사를 피하고 싶은 마음도 이해합니다만 검진은

빨리 받는 것이 좋습니다.

더구나 치매는 진단하기가 어려워서 간혹 우울증이나 섬망(의식 장애)으로 오진하기도 합니다. 게다가 고령자는 여러 가지 약을 처방받아 복용하고 있는 경우가 많아 약의 부작용으로 인해 치매와 비슷한 증상이 나타나기도 합니다. 따라서 잘못된 진단으로 엉뚱한 치료를 받는 일이 생기지 않게 하려면 서둘러 전문의에게 진단받는 것이 좋습니다.

_____ 건망증이 심해질 때 해야 할 일

건망증이 심해져 치매가 아닐까 하고 의심하면서도 어디서 어떤 검사를 받아야 할지 몰라 고심하는 분도 많을 것입니다. 치매를 담당하는 과는 신경과, 뇌신경외과, 정신건강의학과 등이 있으며 정신건강클리닉이나 치매클리닉이라고 내건 병원도 있습니다.

진단 과정을 살펴보면, 우선 문진에서는 증상과 지금까지의 경과, 다른 병력을 묻습니다. 그다음 치매인지 아닌지를 알아내고 증상의 진행 정도를 확인하기 위해서 신경심리검사를 실시하

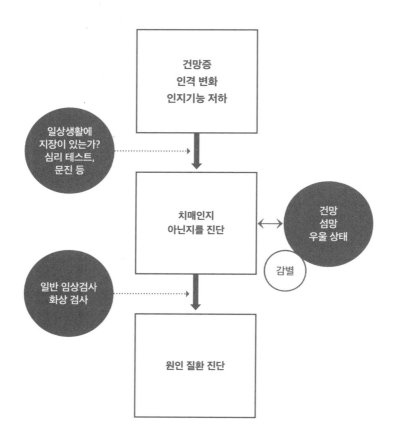

[치매 진단 과정]

건망증
인격 변화
인지기능 저하

일상생활에
지장이 있는가?
심리 테스트,
문진 등

치매인지
아닌지를 진단

건망
섬망
우울 상태

감별

일반 임상검사
화상 검사

원인 질환 진단

치매 진단 과정은 '치매인지 아닌지'를 가려내고 '원인 질환'을 알아보는 두 단계가 있다. 각 단계마다 특징적인 접근법(점선 화살표)이 존재한다. 치매인지 아닌지를 진단할 때는 평소의 건망증, 섬망 그리고 우울 상태를 감별할 필요가 있다.

출처 〈알기 쉬운 고령자의 치매와 우울증〉

는데, 이때 제가 개발한 하세가와 치매척도나 그 이듬해에 미국에서 발표된 간이정신상태검사Mini-Mental State Examination, MMSE가 주로 사용됩니다. 병원에서는 이러한 검사들을 통해 수검자의 단어 기억력과 계산력 등 인지능력을 진단합니다.

뇌의 상태를 조사하기 위해 CTComputed Tomography(컴퓨터 단

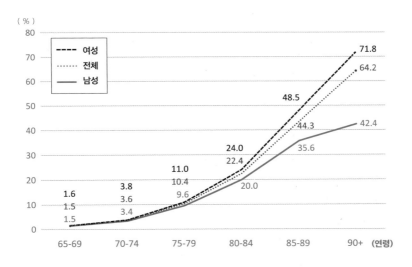

[연령별로 본 치매의 유병률]

출처 후생노동성 자료[일본 의료연구개발기구 치매연구개발사업 〈건강장수사회 실현을 목표로 한 대규모 치매 코호트 연구〉 전체 조사를 실시한 후쿠오카현 히사야마마치(久山町), 이시카와현 나카지마마치(中島町), 아이치현 나카야마초(中山町)의 치매 유병률 조사 결과(분석 대상 5,073명) 연구대표자 니노미야 도시하루(규슈대학교 대학원 교수)가 제공한 통계에서 작성]

충촬영)나 뇌의 형상을 조사하는 화상 검사 장치인 MRI magnetic resonance imaging, 뇌의 혈류와 대사를 검사하는 SPECT single photon emission CT(단일광자 방사형 컴퓨터 단층촬영), PET positron emission tomography(양전자 방사 단층촬영) 등의 검사도 실시합니다. 필요에 따라 뇌파 검사를 하기도 하고 뇌 주위를 보호하고 있는 뇌척수액을 채취하는 경우도 있습니다. 그리고 이 모든 검사 결과를 놓고 종합적으로 판단해서 진단 결과를 고지합니다.

치매가 의심되는 경우는 우선 주치의나 자주 가는 병원의 의사에게 상담하는 것이 좋습니다. 일본노년정신의학회에서는 학회가 인정한 '마음과 치매를 진단하는 병원과 시설'을 홈페이지에 게재했습니다. 일본인지증학회도 학회가 인정한 전국의 치매 전문의 목록을 홈페이지에 올려놓았습니다. 그리고 일본인지증케어학회에서는 학회가 인정한 치매 케어 전문가가 상주하는 시설과 단체를 홈페이지에 게시해 두었습니다. '치매 당사자와 가족 모임'에서는 전화 상담도 실시하고 있습니다.*

＊ 국내에서는 중앙치매센터(www.nid.or.kr)를 통해 치매 지원 서비스와 전국 치매 시설 정보를 찾을 수 있다. -편집자 주

가장 큰 위험인자는 노화

치매에 걸리는 가장 큰 위험인자는 노화입니다. 나이가 들수록 치매 유병률이 훨씬 높아진다는 말이지요. 70대 초반 연령대에서는 치매 유병률이 3~4% 정도지만 80대 후반이 되면 40%를 넘어서고 90대 이상이 되면 60%가 넘습니다. 또한 80대가 지나면 여성의 유병률이 남성보다 현저하게 높아집니다. 이는 성호르몬이나 우울증 경향의 차이 때문이라는 견해도 있지만, 정설은 아닙니다. 이에 관해서는 앞으로 더 많은 연구가 필요합니다.

경도인지장애는 치매가 아닙니다

"당신은 치매가 아니라 경도인지장애로 보입니다." 치매가 의심돼 병원에 갔다가 이런 진단을 받은 분들도 있을 것입니다. 경도인지장애Mild Cognitive Impairment, MCI는 정상도 아니고 치매도 아닌 중간 상태로, 일상생활에 지장을 줄 정도는 아니지만 인지기능이 저하된 상태를 가리킵니다. 방치하면 알츠하이머병이나 다른 유형의 치매로 발전할 위험성이 있지만, 경우에 따라서는 상태가 더 이상 악화되지 않고 증세가 호전되기도 합니다. 일본 정부의 추계로는 2012년 시점에서 치매 고령자 462만 명 가운데 경도인지장애에 걸린 사람이 400만 명이라고 합니다.

MCI의 개념을 누가 언제 제창했는지는 확실하지 않지만, 개념이 확립된 계기는 미국 메이오클리닉의 로널드 피터슨Ronald C. Petersen 박사 팀이 1999년에 발표한 논문이었습니다.

경도인지장애는 건망증이 생기고 이해력이 떨어지기는 하지만 일상생활을 하는 데는 아무 지장이 없습니다. 그러니 경도인지장애로 진단받았다고 해서 크게 낙담하지는 않길 바랍니다. 다만 진행 상태를 꼼꼼히 지켜보며 생활 습관을 건강하게 유지하는 것이 중요합니다. 반드시 해야 할 것은 규칙적인 운동입니다. 피터슨 박사는 일주일에 총 150분 동안 유산소 운동을 하라고 권합니다. 30분씩 5일을 해도 되고 50분씩 3일을 해도 됩니다. 활기차게 걷기, 가벼운 조깅처럼 약간 땀을 흘릴 정도의 운동을 적어도 주 2회 이상 규칙적으로 하면 기억력과 사고력이 향상될 수 있습니다.

_____ WHO 치매 예방 가이드

치매의 가장 큰 위험인자는 노화입니다. 인간이라면 누구나 노화를 피해갈 수 없겠지요. 따라서 치매 예방을 논할 때, 평생 치매에 걸리지 않기를 바라기보다는 치매 당사자가 되는 시기를 얼마나 늦출 수 있느냐 하는 관점에서 생각해야 합니다.

다만 혈관성 치매처럼, 원인으로 작용하는 뇌혈관 장애를 미리 방지하는 것이 중요한 치매도 있습니다. 혈관성 치매를 예방하기 위해서는 고혈압, 고지혈증, 당뇨병, 운동 부족, 고칼로리 식사, 과도한 염분 섭취와 알코올 섭취, 흡연 등을 반드시 주의해야 합니다.

치매는 고령이 된 후 걸리는 경우가 많긴 하지만 40세 전후에 발병하는 사례도 있습니다. 학계에서는 65세 미만에서 발생하는 치매를 '초로기 치매'라고 합니다.

치매에 대한 근본 치료제가 없는 현 상황에서는 2019년 5월 WHO(세계보건기구)가 발표한 '치매 위험 관리 가이드라인*'을

＊　WHO가 최초로 배포한 치매 예방법 및 관리법으로 홈페이지에서 영문판을 다운로드할 수 있다.(https://www.who.int/mental_health/neurology/dementia/guidelines_risk_reduction/en/) ─편집자 주

읽어 보길 추천합니다.

이 가이드라인에는 ①운동 ②금연 ③영양 관리 ④금주 ⑤인지 기능 트레이닝 ⑥사회 참여 ⑦체중 관리 ⑧고혈압 관리 ⑨당뇨병 관리 ⑩고지혈증 관리 ⑪우울증 관리 ⑫청력 손실 예방으로 구성된 총 12가지 권장 사항이 담겨 있는데, 각 항목별로 권장 정도를 표시했습니다.

예를 들어, 건강한 사람이 하는 규칙적인 운동이나 흡연자의 금연은 치매와 인지기능 저하의 위험도를 낮춘다는 점에서 '강하게 권장'됩니다. 65세 이상의 경우, 격렬한 운동은 오히려 나쁘며 빨리 걷기나 가사 활동 등을 포함해 유산소 운동을 일주일에 최소 150분 하라고 권합니다.

식생활에서는 생선을 비롯해 견과류와 올리브유, 커피가 치매 예방에 효과적입니다. 한편 비타민B와 비타민E, 불포화지방산 등의 건강보조 식품은 치매의 위험을 낮추는 효과가 검증되지 않았기 때문에 권장 항목에서 제외됐습니다.

WHO에 의하면 2015년 시점에서 확인한 치매 당사자는 전 세계에서 약 5000만 명이었다고 합니다. WHO는 이 수치가 2030년에는 8200만 명, 2050년에는 1억 5200만 명으로 늘어날 전망이라고 발표했습니다. 또한 간병비와 의료비 등 치매에 드는 사회적 비용은 2015년 기준으로 전 세계에서 8180억 달러(약 910조 원)가 쓰이고 있다고 하는데요, 이는 세계 GDP의 약 1%에 해당한다고 합니다. 그리고 이 비용도 2030년에는 연간 2조 달러(약 2200조 원)가 될 것으로 추계하고 있습니다.

3장

아픈 가족을 돌보는
사람들에게

3장 。 아픈 가족을 돌보는 사람들에게

_____ 치매 증상이 24시간 계속되는 건 아닙니다

저는 치매의 임상과 연구를 반세기에 걸쳐 계속해 왔습니다. 하지만 나 자신이 치매에 걸리고서야 비로소 알게 된 사실이 몇 가지 있습니다. 이번 장에서는 그 이야기를 해볼까 합니다.

가장 먼저 말하고 싶은 점은 치매에 걸려도 '삶은 계속된다'는 사실입니다. 이것은 제가 직접 경험한 확실한 사실입니다. 인간은 태어난 순간부터 연속되는 시간 속에서 살아가고 있습니다. 어제의 나와 오늘의 나는 이어져 있는 같은 존재입니다. 치매에 걸렸다고 해서 갑자기 다른 사람으로 바뀌지는 않습니다. 또한 치매는 비정상적인 상태만 계속되는 게 아닙니다. 평소처럼 하루하루가 쭉 이어집니다.

저는 아침에 일어났을 때가 컨디션이 가장 좋습니다. 대개 그 상태가 오후 한 시쯤까지 지속되다가 오후 한 시가 지나면 내가 어디에 있는지, 무엇을 하고 있는지 잘 알 수 없게 됩니다. 점점 피로해져서 뇌에 부하가 걸리는 것이지요. 그래서 이때에 간혹 엉뚱한 일이 벌어지기도 합니다.

그리고 저녁부터 밤까지는 피곤하긴 해도 식사를 하고 목욕하고, 잠자리에 드는 정해진 일과를 따라갑니다. 그리고 잠들었다가 이튿날 아침이 되면 다시 머리가 맑아집니다. 이런 증상은 제가 치매에 걸려 몸소 겪고 나서야 비로소 알게 되었습니다.

치매의 증상과 상태는 일률적이지도, 고착되어 있지도 않습니다. 항상 변동합니다. 컨디션이 좋을 때도 있고 그렇지 않을 때도 있지요. 몸도 가뿐하고 기분이 좋을 때는 여러 가지 이야기를 할 수 있습니다. 치매 고민을 안고 있는 사람들을 상담하는 일도 가능합니다.

물론 사람에 따라서 치매 유형이 다르고 증상도 다양하기 때문에 모두 저와 같지는 않을 것입니다. 하지만 전문의인 저 자신마저도 치매는 한번 걸리면 상태가 바뀌지 않고 고착화되거나 나빠진다고만 생각했습니다. 이렇게 좋아지기도 하고 나빠지기도 하면서 마치 그러데이션처럼 변화가 있을 줄은 상상도 하지 못했지요. 그래서 치매라고 해도 사람마다 제각각 다르고 저와 같은 사례도 있다는 것을, 그리고 치매에 걸렸다고 해서 끝이 아니라는 것을 여러분에게 꼭 알리고 싶었습니다.

다시 한번 말하지만, 치매는 고착된 상태가 아닙니다. 그러니 치매 진단을 받았다고 '이제 틀렸어. 끝이야' 하고 생각하지 않기를 바랍니다. 또한 가족과 주변 사람들도 치매 당사자를 아무것도 분간하지 못하게 된 사람, 아무것도 모르는 사람이라고 한데 뭉뚱그려 오해하지 않았으면 합니다.

_____ 따돌리지 마세요

치매에 대한 이해와 인식은 예전에 비하면 상당히 좋아졌지만, 그래도 치매라고 진단받은 사람은 '다른 세계 사람'으로 취급될 때가 있습니다. 자신을 치매와 상관없는 건강한 사람이라고 여기는 사람들은, 치매에 걸린 사람은 제대로 이야기도 할 수 없을뿐더러 내가 무슨 말을 해도 모를 거라고 마음대로 단

3장 아픈 가족을 돌보는 사람들에게

정하기도 합니다. 그래서 치매 당사자를 무시하거나 편견에 갇힌 발언을 아무렇지도 않게 내뱉어 상대의 인격에 상처를 입히는 일이 심심찮게 벌어지곤 하지요.

하지만 그건 잘못입니다. 치매 당사자에게도 다른 사람의 말이 다 들립니다. 자신의 험담을 듣거나 비웃음받을 때의 불쾌한 감정은 가슴 깊이 생채기를 냅니다. 설령 말을 이해하지 못하는 상태라고 해도 느낄 수 있습니다. 외국인도 욕은 알아듣고 갓난아이도 엄마가 화가 났다는 건 안다고 하지 않습니까. 그러니 말할 때는 주의를 기울여 주세요. 치매 당사자가 아무 말도 하지 않고 잠자코 있는 것은 못 알아들어서가 아닙니다.

자신의 존재를 부정당하고 멸시받을 때의 슬픔과 고통이 얼마나 큰지는 설명하지 않아도 누구나 알 것입니다. 어른이 되는 과정에서, 또는 직장이나 가정 등 자신이 속한 커뮤니티에서 크든 작든 경험했을 테니까요. 치매 당사자도 똑같습니다. 괴로운 경험을 인지할 수 있고 고통과 슬픔도 똑같이 느낍니다.

치매 당사자와 관련된 어떤 사안을 결정할 때 우리들을 빼놓고서 결정하지 마세요. 아무것도 모를 거라고 치부하고 따돌리는 일이 없었으면 좋겠습니다.

───── 돌본다는 건 내 시간을 주는 일입니다

치매 당사자를 대할 때는 우선 상대가 하는 말을 귀담
아들어 주겠다는 마음을 꼭 되새겨 주세요.

"이렇게 하세요", "이렇게 하는 게 좋아요" 하고 혼자 이야기
를 주도하며 뭐든지 결정하는 사람이 있습니다. 그러면 당황한
치매 당사자는 혼란스러워서 자신의 생각을 말하지 못합니다.
"이렇게 하세요" 하고 이미 결정을 내린 듯한 발언을 들으면, 달
리 하고 싶은 일이 있어도 더 이상 아무것도 생각하지 못하게 되
지요. 이것은 일반적인 인간관계에서도 좋은 대화법이 아닙니다.

"오늘은 무얼 하고 싶으세요?" 하는 식으로 물어보는 것이 좋
습니다. 그리고 될 수 있으면 "오늘은 무엇을 하고 싶지 않은가
요?" 하는 질문도 해 주세요. 그러고 나서 상대가 말할 때까지 지
그시 기다렸다가 귀담아들어 주면 됩니다. '그건 시간이 너무 오
래 걸려' 하는 생각도 들 수 있습니다. 하지만 몸이든 마음이든
아픈 사람들에게 가장 필요한 것은 시간을 내어 주는 일입니다.
들어 준다는 것은 기다린다는 의미지요. 그리고 기다린다는 것
은 상대에게 자신의 '시간을 내어 주는' 일입니다.

치매는 당사자도 몹시 불편하고 답답해서 견뎌 내야 하는 일

이므로, 주위 사람들이 진득하게 기다려 주고 차분히 대해 주면
불안감을 가라앉히고 안심할 수 있습니다.

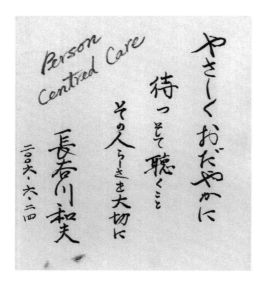

인간 중심의 케어
자상하고 침착하게 기다리고 들어 주는 일
그 사람을 존중하라.

하세가와 가즈오

2006. 6. 24.

_인지증 개호 연구·연수 도쿄센터장 시절에 쓴 글

_____ 치매 당사자와 가족을 위한 생활 지침

대화를 할 때는 너무 멀지도 너무 가깝지도 않게, 상대와 1미터 정도의 거리를 두고 이야기하는 것이 가장 좋습니다. 눈높이도 중요합니다. 위에서 내려다보거나 아래에서 올려다보지 말고 똑같은 높이에서 눈과 눈을 맞추는 게 좋습니다.

치매에 걸리면 아무것도 모르는 상태가 되는 거라고 생각하는 사람이 많습니다. 하지만 되풀이해 강조하건대 절대로 그렇지 않습니다. 마음은 살아 있습니다. 불쾌한 일을 당하면 상처받고, 칭찬을 들으면 더없이 기쁘지요. 무엇보다 치매 당사자도 자신과 똑같은 '한 사람의 인간'이며 이 세상에 하나밖에 없는 유일무이하고 소중한 존재라는 사실을 잊지 말아 주세요.

생활환경은 최대한 간소하고 단순하게 하는 편이 좋습니다. 복잡한 환경은 피해야 합니다. 화장실이나 잠잘 곳의 위치 등 중요한 장소일수록 기억하기 쉽고 눈에도 잘 보이는 곳으로 마련해서 치매 당사자가 움직이기 편한 환경을 마련해 주세요.

또한 치매 당사자는 여러 가지를 동시에 이해하기가 어렵습니다. 한꺼번에 많은 이야기를 들으면 혼란스러워서 더 쉽게 피로해지거든요. 같은 말을 전할 때도 될 수 있으면 간략하고 쉽게 한 가지씩 알려 주세요. 말하는 사람이 얼마나 마음을 써 주느냐에 따라 상대가 느끼고 받아들이는 정도의 차이는 매우 큽니다.

치매에 걸린 사람을 단지 '다 해 줘야 하는 사람'으로 여겨 모든 역할을 빼앗는 일이 없도록 유념해야 합니다. 역할이라는 표현을 썼지만, 그다지 어려운 일이 아니어도 괜찮습니다. 뭐든지 좋습니다. 부엌살림을 잘한다면 부엌일이 될 수도 있겠고 목수 일을 잘한다면 목수 일, 혹은 페인트칠이나 청소도 괜찮습니다. 치매 당사자들이 함께 지내는 공동 시설에서 음식을 만들 때 감자 껍질을 잘 벗기는 사람이 있다면 부탁해서 그 역할을 맡겨 주세요. 작든 크든 그 사람이 잘하는 일이라면 부탁하기도 쉽고 상대도 맡기에 부담이 없을 것입니다. 그런 다음에는, 반드시 칭찬하는 것을 잊지 마세요.

_____ 웃음이 끊이지 않던 부부

치매 당사자를 대하는 자세를 생각할 때 '웃음'도 빠뜨릴 수 없습니다. 2004년 교토에서 〈국제 알츠하이머병협회 국제회의〉가 개최되었을 때의 일입니다. 저는 회의의 운영을 도왔는데, 그날 회의에서 "저는 치매입니다"라고 밝힌 사람이 있었습니다. 치매에 '웃음'이 중요하다고 운을 뗀 그 남성은 자신의 집에서는 웃음이 끊이지 않는다고 말하더군요. 사실 그때 저는 속으로 '말은 그렇게 해도 설마 집에서 그런 생활이 가능할까?' 하고 의문이 들었습니다. 그래서 회의장에서 다가가 말을 걸었지요. 대화 끝에 그는 "하세가와 선생님, 언제든지 저희 집에 오십시오" 하고 덧붙였습니다. 그로부터 얼마 지난 어느 날, 전화를 걸어 찾아뵙고 이야기를 듣고 싶다고 했더니 흔쾌히 수락해 주기에 바로 집으로 찾아갔습니다.

부부란 가정에서는 거리낌 없이 서로의 감정을 드러내기 때문에 무뚝뚝하게 대할 때도 있고 짜증도 내기 마련입니다. 내심 말처럼 그렇게 내내 웃고만 지낼 수는 없을 거라 여기면서 살펴보았더니 그들 부부는 정말로 줄곧 웃고 있는 게 아니겠습니까.

"하세가와 선생님이 오셨으니 커피를 끓입시다" 하고는 부부가 싱글벙글, 어느 한쪽이 별것 아닌 말 한마디만 건네도 또 함께 싱글벙글하더군요. 보이는 그대로가 이 부부의 꾸밈없는 진짜 모습이라는 걸 알았습니다. 그들은 생활 속에서 웃음을 중요하게 여기며 살아가고 있었습니다. 웃다 보면 그다지 재미있는 일이 아니어도 어느새 마음이 편안해집니다. 치매에 걸려 괴로운 마음이 끊임없이 밀려올 때는 특히 웃음이 중요합니다. 그러니 치매 당사자를 대할 때는 웃음을 잃지 않으면 좋겠습니다.

_____ 아프기 전과 똑같은 '사람'입니다

앞에서도 말했듯이, 치매 당사자를 마주할 때 우리는 한 사람 한 사람이 모두 다르고 똑같이 소중한 존재라는 사실을 잊지 말아야 합니다. 전 세계를 통틀어 보아도 '나'라는 인간과 똑같이 살아오고 똑같은 생각을 하는 사람은 세상에 나 한 사람 외에는 없습니다. 그래서 존엄한 가치가 생겨나는 것이지요. 한 사람 한 사람이 다 존엄한 존재입니다. 치매인 사람도 그 옆에 있는 사람도, 모르는 사람도 잘 아는 사람도 마찬가지입니다. 인간은 모두 존엄성을 지닌 존재입니다.

저는 어릴 때부터 많은 사람을 만나며 살아왔습니다. 지금도 수많은 사람과의 다양한 인연이 제 마음속에 각양각색으로 자리하고 있습니다. 잠시 제 이야기를 하면 저는 아이치현 가스가이 시에서 태어나 은행원인 아버지와 다정다감한 어머니 밑에서 자랐습니다. 당시 의사였던 숙부가 추천해 준, 세균학자 노구치 히

데요의 전기를 읽고서 의사가 되고 싶다는 마음이 싹트기 시작했습니다. 그 후 도쿄지케이카이 의과대학에 진학해 뇌과학과 정신의학에 관심을 갖게 되었지요. 이윽고 치매라는 분야에 발을 들여놓고 오랜 세월 동안 치매에 관한 연구와 활동을 하다가 말년에 저 자신도 치매에 걸렸습니다.

이런 과정이 있었기에 지금의 제가 있습니다. 이런 경력과 제가 맺고 있는 주변과의 인연은 세상에서 오직 저 한 사람만이 갖고 있습니다. 치매에 걸렸다고 해서 그 사람의 역사와 존엄성이 사라지는 것은 절대 아닙니다. 다시 한번 말하지만 건강하든 아프든 치매에 걸렸든 사람은 모두 '사람'으로 존중받아야 합니다. 이러한 사고관을 학문적으로 연구해 널리 알린 인물이 바로 톰 킷우드Tom Kitwood입니다.

톰 킷우드(1937~1998)는 영국의 심리학자이자 목사이며 대학교수입니다. 대학에서 심리학을 가르치던 1980년대 중반에 치매 연구에 관한 지도를 부탁받아 이 분야에 뛰어들었고, 치매 케어 분야의 선구자가 되어 '인간 중심의 케어'를 제안하고 실천한 것으로 유명합니다. 1998년 61세로 타계했습니다.

그가 젊은 나이에 세상을 떠났다는 사실은 매우 안타깝습니다. 오래 살았더라면 더욱 훌륭한 업적을 남겼을 텐데 말입니다.

_____ 환자가 아닌 사람으로, 인간 중심 케어

인간 중심 케어는 치매 환자의 인권과 개별성을 존중하는 돌봄 방식입니다. 치매 당사자가 하는 말을 무엇이든지 다 들어주라는 뜻이 아니라, 그 사람의 인격과 감정을 존중하고 당사자의 입장이 되어서 돌봄을 실천하자는 의미입니다.

저는 2000년에 치매 케어를 연구하는 '고령자 치매 개호 연구·연수 도쿄센터(현 인지증 개호 연구연수 도쿄센터)의 센터장을 맡아 의료뿐만 아니라 간병과 돌봄 분야에도 깊이 관여하게 되었습니다. 그때 저는 치매 케어를 어떻게 해야 좋을지 방법을 찾고 연구했지만 모두가 공유할 수 있는 지침이나 개념을 좀처럼 찾아내지 못하고 있었습니다. 그러던 중 우연히 톰 킷우드가 쓴 《치매의 재인식Dementia Reconsidered》(1997년 출간)이라는 책을 알게 되었고 '바로 이거다!' 싶었습니다. 그래서 이 개념을 꼭 일본에도 소개하고 싶었습니다.

자연과학과 심리학을 공부한 그는 환자가 아닌 인간의 삶에 주목했습니다. 어느 날 갑자기 자기가 무엇을 하고 있었는지, 밥을 먹었는지 안 먹었는지, 지금 있는 곳은 어딘지 알 수 없게 된다면 얼마나 당황스럽고 두려울 것인가. 내가 그런 상황이라면

어떨까, 어떤 도움을 필요로 할 것인가 생각하며 당사자의 입장에서 바라보고 이해하려고 노력해야 진정 도움이 되는 치료를 할 수 있다는 게 그의 주장이었습니다. 톰 킷우드의 《치매의 재인식》은 일본에서 《인지증의 인간 중심 케어認知症のパーソンセンタードケア》라는 제목으로 번역, 출간되어 있습니다.

그로부터 상당히 오랜 세월이 흘렀지만 '인간 중심 케어'는 여전히 힘든 과제로 남아 있습니다. '한 사람 한 사람은 모두 다르다', '사람은 누구나 소중하다', '인간 중심의 케어를 실천한다' 이런 말을 하기는 쉬워도 실천하기는 무척 어렵기 때문입니다. 그러나 치매 당사자를 마주할 때는 반드시 이 말을 기억해 주세요. 인간 중심 케어는 정말 중요한 개념입니다.

_____ 아이에게 배운 눈높이 돌봄

'인간 중심의 케어'와 관련해 제가 무척 좋아하는 이야기가 있어 덧붙이고자 합니다. 아래에 소개하는 글은 성 마리안나 의대에서 근무하던 시절에 동료가 칼럼에 기고했던 내용입니다.

공원을 걷고 있던 어린아이가 넘어져 울고 있자 어디선가 네 살쯤 되어 보이는 여자아이가 한달음에 달려왔습니다. 넘어진 어린아이를 일으켜 세워 주려는가 보다 싶었는데 여자아이는 어린아이 옆에 자신도 배를 깔고 누워 그 아이를 보며 방긋 웃어 주는 것이었습니다. 그러자 울고 있던 어린아이도 따라 웃었습니다. 잠시 후 여자아이가 "일어나자" 하고 말하자 어린아이는 "응" 하며 일어났고 두 아이는 손을 잡고 걸어갔습니다.

저는 이 여자아이가 '인간 중심 케어'의 근본을 잘 보여 준다고 생각합니다. 넘어져 울고 있는 아이 곁으로 달려가 위에서 손을 내밀어 일으켜 준 것이 아니라, 자신도 똑같이 땅에 엎드려 아이의 얼굴을 마주보았지요. 알고 한 행동은 아니었겠지만, 그 행동은 돌봄을 필요로 하는 사람과 눈높이를 맞추는 인간 중심 케어의 시작입니다. 뿐만 아니라 한동안 함께 엎드려 있다가 적당한 기회를 살펴 스스로 일어날 수 있도록 이끌어 주었지요. 자신의 힘으로 일어났다는 사실에 어린아이는 분명 기뻤을 겁니다.

여자아이는 섣불리 손을 내밀지 않았을뿐더러 쉽게 도와주지도 않았습니다. 시간을 내어 주고 충분히 기다렸다가 '자, 이제 일어나자' 하고 권했습니다. 여자아이가 보여 준, 상대를 있는 그대로 존중하는 이런 태도와 행동이 사회 전체로도 확산되면 좋겠다고 늘 염원하고 있습니다.

오래 전 제가 치매를 전문 분야로 삼고 진료하기 시작했을 때만 해도 대부분의 사람들이 치매에 걸린 가족을 어떻게 대해야 좋을지 몰라 방에 가두거나 거친 행동을 잠재우기 위해 약을 사용하기도 했습니다. 그런 일이 지금도 일어나지 않는다고는 단언하지 못하지만, 그래도 오늘날 치매 돌봄 수준은 크게 향상되고 개선되었습니다. 거기에 일조를 한 것 같아 마음이 놓입니다.

_____ 의사보다 중요한 데이케어

제가 치매에 걸리고 난 뒤 알게 된 것 가운데 데이 서비스day service 체험에 관해 이야기해 보고자 합니다. 데이 서비스는 간병을 필요로 하는 사람이 혼자서도 일상생활을 할 수 있도록 지원하는 돌봄 제도입니다. 저도 치매에 걸린 후 데이 서비스를 이용했는데, 그곳에서 많은 사람을 만나 대화를 나누기도 하고 직원들의 도움으로 목욕도 할 수 있었습니다. 참으로 많은 것들을 배울 수 있는 경험이었습니다.

지금까지는 오로지 의사의 입장에서 환자에게 '데이케어'(의사의 지시하에 실행되는 재활 중심의 서비스-역주)나 데이 서비스를 이용하시면 좋습니다" 하고 권해 왔을 뿐이었습니다. 어떤 일들이 실행되는지, 어떤 사람들이 하는지 정확히 알지 못했습니다. 하지만 내가 환자의 입장이 되고 보니 너무나 고맙고 꼭 필요한 서비스였다는 것을 깨달았습니다.

당연한 이치이지만, 상대의 입장이 되어 보면 지금까지 몰랐던 많은 것들을 느끼고 알게 되는 법입니다. 제가 특히 깊은 인상을 받았던 일은 데이 서비스에 가서 받은 입욕 서비스였습니다. 직원이 욕실에서 목욕을 시켜 주니 스스로 씻은 듯 개운하고 기분이 좋아 마치 왕이라도 된 듯했습니다.

다른 이용자들과도 친해졌습니다. 게다가 뭐니 뭐니 해도 가장 감동한 것은 직원들의 태도였습니다. 이용자들의 특성을 한 사람 한 사람 잘 파악해서 뭔가 필요하다 싶으면 바로 말을 걸어 주었습니다. 이용자가 돌아간 뒤에는 회의를 열어 돌봄에 관해 면밀히 검토하고 논의하기도 했지요. 이렇게 이용자와 진지하게 소통하는 모습을 보면서 데이 서비스는 굉장한 조직이라는 생각이 들었습니다. 그리고 일본의 케어 제도는 이분들의 노력을 바탕으로 이루어졌음을 실감했습니다.

일본에서 개호보험제도가 처음 시행된 것은 2000년 4월의 일입니다. '간병의 사회화'를 강령으로 내세워 그때까지 가족 의존도가 높았던 고령자 간병을 사회 전체가 지원하기로 한 것이지요. 개호보험상 데이 서비스는 '주간 보호'라고도 불리며 이용자는 하루 중의 식사와 목욕, 기능 훈련 등의 돌봄 서비스를 받습니다. 데이케어는 '주간 재활'이라고 불렸고 신체 기능의 유지와 회복을 위한 재활 서비스를 받는 것을 말합니다. (의료 행위를 포함하는 '간호', 일반인이 가족을 돌보는 '간병'과 구별하여 전문인력이 환자의 식사, 입욕, 배설 등을 돕는 것을 일본에서는 '개호介護'라는 별도 용어를 사용하여 표현한다. 고유명사가 아니라 일반적인 '환자 돌봄'의 의미가 들어 있는 부분은 우리나라에서 흔히 사용하는 '간병'으로 적었다.–역주)

환자 본인이나 가족들에게 이런 서비스가 제공되는 것은 정말 중요한 일입니다. 어쩌면 의사보다 더 필요합니다. 치매 당사자가 되고서야 절실히 느꼈습니다.

_____ 3일간의 노인요양원 체험

2019년에는 집 근처의 유료 노인요양원에서 2박 3일 동안 '단기 체험 숙박'을 이용해 보았습니다. 저는 아내와 둘이 살고 있는데, 물론 자식들이 이것저것 신경 써 주고 도와주지만, 아내에게 만에 하나 무슨 일이 있을 때를 대비해서 한 번쯤 요양원 생활을 체험해 보기로 한 것입니다.

마침 그 유료 노인요양원은 두세 번 방문한 적이 있는 곳이었습니다. 제가 치매에 걸렸다고 공표했더니 입소자들에게 이야기를 한번 들려 달라고 해서 강연을 한 적이 있기 때문입니다. 그래서 단기 체험 서비스를 이용할 때도 조금도 불안한 마음이 들지 않았습니다.

단기 체험 숙박은 단기적으로 시설에 입소해서 돌봄 서비스를 경험해 보는 제도를 말합니다. 집에서 치매 환자를 보살피는 경우, 돌봄자가 관혼상제 등으로 집을 비워야 하거나 휴식이 필요할 때 이 제도를 이용할 수 있습니다. 개호보험상으로는 두 종류의 단기 체험이 제공됩니다. 복지 시설에 단기간 입소해서 목욕, 배설, 식사 등의 돌봄이나 일상생활에 필요한 보살핌을 받는 '단기입소 생활 돌봄'과 의료기관에 단기간 입소해서 간호와 의학적인 관리하에 입욕, 배설, 식사 등의 돌봄과 기능 훈련을 받을 수 있는 '단기입소 요양 간병'입니다. 그리고 개호보험은 적용되지 않지만 유료 노인요양원에서도 단기 체험을 제공하고 있습니다.

이 단기 체험 서비스를 이용한 소감을 말하자면, 아주 좋았습니다. 역시 이곳도 직원들이 철저히 교육받고 있다는 것을 알 수 있었습니다. 환자들을 세심하게 보살펴 주고 기분을 좋게 유지할 수 있도록 도와주었습니다.

"하세가와 씨, 식사 나왔습니다"라든가 "체조 시간이에요" 하고 일일이 챙겨 주는데, 그들의 밝은 목소리를 들으면 저도 '자, 어디 그럼 참여해 볼까?' 하는 마음이 절로 들었습니다. 서비스를 이용해 보는 것이 얼마나 중요한지 몸소 실감했습니다.

다만 하룻밤 자고 나니 '이제 그만 집에 가고 싶어' 하는 마음이 든 것도 사실입니다. 집에 있으면 전화벨이 울리거나 택배가 오기도 하고 이웃 사람이 들르기도 해서 뭔가 어수선하지만, 그래도 생활감이 느껴져서 좋습니다. 솔직히 말해서 데이 서비스는 환자가 된 기분을 떨치기 힘듭니다. 지루하기도 해서 가고 싶지 않을 때도 있지만 그럴 때는 '내가 가서 아내가 조금이라도 편해진다면' 하고 마음을 고쳐먹곤 합니다.

####### 진심으로 걱정한다면 속이지 마세요

       치매 당사자를 만날 때는 '속이지 않겠다'는 마음을 가지라고 꼭 당부하고 싶습니다. 제가 현역 시절에 내담자들에게 자주 받았던 질문이 치매 검사를 받게 하고 싶은데 본인에게 어떻게 말해야 좋을지 모르겠다는 고민이었습니다. 거짓말로 속여서 검사를 받게 하는 사례가 많은데, 전 속이는 것에는 반대합니다. 저는 한 번도 그렇게 조언하지 않았습니다. 내가 속이면 상대는 화가 나서 이번에는 나를 속이려 들 것입니다.

    치매에 대해 잘 모르는 사람은 '어차피 상대는 치매인데 속인다고 뭘 알겠어?' 하고 생각하기 쉽지만, 결코 그렇지 않습니다. 뭔가 이상한 느낌도 들고 상대가 자신을 존중해 주지 않는다는 것쯤은 치매에 걸린 사람도 느낄 수 있으니까요. 되풀이해 강조하지만, 치매라고 해서 색안경을 끼고 보지 말고 평범하게 대해 주길 바랍니다.

    저는 치매 당사자를 진찰할 때 항상 당사자와 가족이 함께 병원에 오도록 했습니다. 가족하고만 이야기를 나누는 사례도 있는 모양이지만 저는, 자신 모르게 가족과 의사가 똘똘 뭉쳐 자신을 입원시킬 계획을 세우고 있는 게 아닐까 하고 치매 당사자가 쓸데없는 걱정을 하거나 깊은 고민에 빠지는 상황을 만들고 싶지 않았습니다. 만약 가족이 "본인 앞에서는 하기 힘든 이야기가 있어요" 하고 부탁할 때는 당사자에게 "잠시 대기실에서 기다려 주시겠어요? 이야기가 끝나면 바로 불러서 내용을 전해 드릴게요" 하며 양해를 구했습니다.

반대로 치매 당사자를 어떻게 대해야 하는지를 환자 가족들에게서 배운 적도 많습니다. 치매 당사자는 몇 번이고 같은 말을 물어봐 가족을 지치게 할 때가 있습니다. 한번은 치매에 걸린 남편과 함께 병원을 찾은 부인에게 "많이 힘드시죠?" 하고 말을 건넸더니 부인이 이렇게 대답하며 웃었습니다.

"우리 집 양반이 원래 말수가 적었는데 요즘은 자꾸 같은 걸 또 물어봐요. 그래도 같은 대답만 하면 되니까 힘들진 않답니다. 부부간에 대화가 늘었다고 생각하니 치매도 나쁘지만은 않은 것 같아요."

그 대답이 무척 인상적이었습니다.

돌이켜 생각하면, 오십 년 동안 치매를 연구하고 진료해 오면서 치매 당사자와 가족들에게서 더 많은 것을 배운 것 같습니다. 그 귀하고 진실된 시간에 늘 감사한 마음입니다.

4장

최초의
표준 진단법
'하세가와 치매척도'를
만들다

4장 ◦ 최초의 표준 진단법 '하세가와 치매척도'를 만들다

_____ 세계 최초로 치매 진단 기준을 만들다

이번 장에서는 '하세가와 치매척도'에 대해 설명하려고 합니다. '하세가와 치매척도'는 치매를 진단하는 기준이 되는 인지기능 검사를 가리키는데, 그 개발의 중심에 바로 제가 있었습니다. 1974년에 처음 공표하고 1991년에 개정판을 냈는데 뜻깊게도 지금까지 전국의 의료기관에서 개정판 치매척도를 사용하고 있습니다.

1974년에 공표한 하세가와 치매척도는 현재 쓰쿠바대학교 명예교수인 이노우에 가쓰야 선생과 모모야마가쿠인 교육대학교 교수인 모리야 구니미쓰 선생과 함께 연구하고 개발했습니다.

개정판을 낼 때는 현재 인지증 개호 연구·연수 센다이센터장을 맡고 있는 가토 신지 씨가 중심 팀원으로 활동하며 도움을 주었습니다.

처음에 공표한 하세가와 치매척도는 "오늘은 몇 월 며칠입니까?", "나이가 어떻게 되십니까?"와 같은 기본적인 질문에서 시작해 일반 상식 문제와 계산 문제 등 총 11개 문항이었습니다. 수검자가 대부분 고령자이므로 짧은 시간 안에 마칠 수 있는 질문으로 구성했고, 시각이 약해진 사람이 많다는 사실을 고려해 가능한 시각적인 테스트는 넣지 않았습니다. 만점은 32.5점으로 하고 31점 이상이면 정상, 30.5점에서 22점까지는 정상과 치매의 경계선, 21.5점에서 10.5점까지는 준치매 그리고 10점 이하는 치매로 판단했습니다.

그런데 진단법을 만들고 나서 시간이 지나는 동안 질문 항목 가운데 몇 가지가 시대에 어울리지 않는 질문이라는 문제점이 드러났습니다. 처음에 개발한 진단법에는 일본 총리의 이름이나 태평양 전쟁이 끝난 연도를 묻는 질문이 있었는데, 그런 내용보다는 어느 나라에서나, 어느 시대를 살았거나 상관없이 대답할 수 있는 보편적인 질문을 하는 것이 좋겠다는 의견이 나왔던 것입니다.

1974년 최초의 〈하세가와 치매척도〉 질문 항목

〈1〉 오늘은 몇 월 며칠입니까? (또는) 무슨 요일입니까?

〈2〉 여기는 어디입니까?

〈3〉 몇 살입니까?

〈4〉 최근에 일어난 어떤 일로부터 얼마나 지났습니까?

（또는) 언제쯤이었습니까?

〈5〉 태어난 곳은 어디(출생지)입니까?

〈6〉 태평양 전쟁이 끝난 것은 언제입니까?
（또는) 관동대지진은 언제였습니까?

〈7〉 일 년은 며칠입니까? (또는) 한 시간은 몇 분입니까?

〈8〉 일본 총리의 이름을 말해 보세요.

〈9〉 100에서 차례로 7을 빼 보세요.

〈10〉 숫자 거꾸로 말하기 (6-8-2, 3-5-2-9를 반대 순서로 말해 보세요.)

〈11〉 다섯 가지 물건의 이름 쓰기

（칫솔, 100엔짜리 동전, 나이프, 빗, 숟가락 등을 나란히 보여 준 뒤, 물건을 감추고 무엇이 있었는지를 묻는다.)

[만점: 32.5점 | 10점 이하는 치매]

1991년 개정판 〈하세가와 치매척도〉 질문 항목

〈1〉　　몇 살입니까?

〈2〉　　오늘은 몇 월 며칠입니까? 무슨 요일이지요?

〈3〉　　지금 우리가 있는 곳은 어디인가요?

〈4〉　　지금부터 들려드리는 세 가지 단어를 말해 보십시오.
　　　　나중에 또 질문할 테니 잘 기억해 두세요.

　　　　① (a) 벚꽃　　(b) 고양이　　(c) 전차
　　　　② (a) 매화　　(b) 개　　　　(c) 자동차

〈5〉　　100에서 7을 차례로 빼 보세요.

〈6〉　　제가 지금부터 말하는 숫자를 거꾸로 말해 보세요.

　　　　6-8-2
　　　　3-5-2-9

〈7〉　　아까 외웠던 단어를 다시 한번 말해 보세요.

〈8〉　　지금부터 다섯 가지 물건을 보여 드린 후 감출 테니, 어떤 물건이 있었는
　　　　지 말해 주세요.

〈9〉　　알고 있는 채소의 이름을 최대한 많이 말해 보세요.

_____ 하세가와 치매척도 채점 방법

개정판을 만드는 과정에서 삭제된 항목은 〈4〉최근 일어난 일로부터 얼마나 지났는가 〈5〉출생지 〈6〉종전 연도 〈7〉일년은 며칠인가 〈8〉일본의 총리 이름, 이렇게 다섯 가지였습니다.

이 다섯 가지 항목을 삭제한 이유는 이렇습니다. '최근에 일어난 어떤 일로부터 얼마나 지났습니까?'라는 질문은 기억 장애를 측정하는 데 매우 효과적이기는 하지만 그 진위를 확인하려면 의료진이 미리 주변 사람에게서 정보를 얻어야 합니다. '출생지'도 치매 검사를 할 때 가족이 함께 오지 않으면 알기가 어려운데, 더구나 수검자가 혼자 사는 사람인 경우는 더더욱 확인할 길이 없습니다. '전쟁이 끝난 해'를 묻는 질문도 연배가 있는 사람은 알 수 있어도 젊은 사람들은 대답하기 어려운 질문일 수 있습니다. 그런가 하면 '일 년은 며칠입니까?'라는 질문은 비교적 중증인 치매 당사자도 대답하기가 쉬워서 판별 유효성이 낮다는 것을 깨달았습니다. 또한 '일본의 총리'가 누구인지를 묻는 질문은 다른 국가와 검사법을 비교 연구하는 데 사용하기가 부적절하다는 문제가 제기되었습니다.

이러한 연유로 다섯 가지 항목을 과감히 삭제하기로 결정했습니다. 그리고 개정판을 낼 때는 언어의 유창성 등 목적에 맞는 세 가지 항목을 추가하고 질문을 최대한 간결하게 정리해 처음에 발표했던 진단법보다 질과 정확도를 향상시키는 데 주안점을 두었습니다. 일본만이 아니라 다른 국가에서 사용할 경우도 고려해서 어느 국가에서든 효율적으로 이용할 수 있는 공통된 질문으로 구성하려고도 노력했습니다.

개정판 〈하세가와 치매척도〉 채점 방법

〈1〉 **몇 살입니까?**
➡ 두 살까지의 오차는 정답으로 한다. 배점 1점

〈2〉 **오늘은 몇 월 며칠입니까? 무슨 요일이지요?**
➡ 연월일과 요일을 맞게 대답하면 각각 1점씩

〈3〉 **지금 우리가 있는 곳은 어디인가요?**
➡ 스스로 대답하면 2점, 5초가 지난 뒤 '집입니까? 병원입니까? 시설입니까?' 하고 검사자가 질문해서 맞는 대답을 하면 1점

〈4〉 **지금부터 들려드리는 세 가지 단어를 말해 보십시오. 나중에 또 질문할 테니 잘 기억해 두세요.**
➡ 아래 두 가지 예시 중 한 가지를 선택해서 묻고 ✓표시를 해 둔다. 각 1점

　① (a) 벚꽃　(b) 고양이　(c) 전차
　② (a) 매화　(b) 개　(c) 자동차

〈5〉 **100에서 7을 차례로 빼 보세요.**

➡ 100-7은? 거기서 또 7을 빼면? 하고 질문한다. 각 1점. 첫 대답이 틀리면 질문을 마친다.

〈6〉 **제가 지금부터 말하는 숫자를 거꾸로 말해 보세요.**
　　① 6-8-2
　　② 3-5-2-9

➡ 세 자릿수를 거꾸로 말하는 데 실패하면 질문을 마친다. 각 1점

〈7〉 **아까 외웠던 단어를 다시 한번 말해 보세요.**

(a) 벚꽃/매화　(b) 고양이/개　(c) 전차/자동차

➡ 스스로 대답하면 각 2점, 만약 대답하지 못한 경우 아래의 힌트를 주고 정답을 맞히면 1점

(a) 식물　(b) 동물　(c) 탈것

〈8〉 **지금부터 다섯 가지 물건을 보여 드린 후 감출 테니, 어떤 물건이 있었는지 말해 주세요.**

➡ 시계, 열쇠, 담배, 펜, 동전 등 반드시 서로 관계가 없는 물건을 제시한다. 각 1점

〈9〉 **알고 있는 채소의 이름을 최대한 많이 말해 보세요.**

➡ 대답한 채소의 이름을 오른쪽 칸에 기입한다. 도중에 막히거나 약 10초 동안 기다려도 대답하지 못하는 경우는 거기서 끝마친다.
5개까지는 0점, 6개=1점, 7개=2점, 8개=3점, 9개=4점, 10개=5점

[만점: 30점 ｜ 20점 이하인 경우 치매가 의심됨]

그 결과 질문 항목은 총 9개가 되었고 30점을 만점으로 하여 20점 이하를 '치매가 의심됨'으로 진단하기로 했습니다.

───── 신후쿠 교수의 과제

사실 치매 진단 검사의 중요성을 처음 인식한 사람은 제가 아니었습니다. 하세가와 치매척도는 저의 은사인 신후쿠 나오타케 교수가 저에게 준 과제에서 시작된 것입니다.

데이코쿠대학(현 규슈대학) 의학부를 졸업한 신후쿠 교수는 돗토리대학에 재직하다가 1966년에 지케이 의과대학 교수로 부임해 왔습니다. 정신병리학과 노년정신의학의 대가로 알려진 분이지요. 저는 주로 뇌전증(반복적인 발작을 특징으로 하는 만성적인 뇌장애-역주) 진료를 담당하고 있었는데 신후쿠 교수가 부임하고 나서 노년정신의학 분야에 발을 들여놓게 되었습니다. 당시 지케이 의대의 정신과 의국장을 맡고 있었기에 신후쿠 교수와 만날 일이 많았습니다.

신후쿠 교수는 부임하고 얼마 지나지 않아 도쿄도내에 있는 복지 시설을 중심으로 치매 증상이 있는 사람이 얼마나 되는지 조사하는 프로젝트를 시작했습니다. 그때 신후쿠 교수가 제게 과제를 주셨습니다.

"하세가와 군, 치매를 검사할 때 어제와 오늘의 판단이 다르면 안 된다네. 진단 기준을 만들게나."

1968년 무렵의 일이었습니다. 당시는 치매에 대한 판단이 지금과는 완전히 달랐습니다. 진찰한 정신과의가 "당신은 치매입니다" 하고 말하면 바로 진단이 확정되었고 '그걸로 끝'이던 그런 시절이었습니다.

'아! 어려운 숙제를 받았네' 하는 생각이 들었습니다. 치매는 뇌 안에서 일어나는 일이므로 눈에는 보이지 않으니까요. 그렇지만 검사자에 의해 왜곡되지 않고 치매 유무를 판별할 수 있는 보편적인 진단법은 반드시 필요했습니다.

저는 먼저 다른 나라에 참고할 만한 자료가 있는지 다방면으로 알아보았습니다. 그러나 거의 찾을 수 없었습니다.

오늘날 전 세계에서 사용하고 있는 미국의 폴스타인_{Folstein} 부부가 개발한 간이정신상태검사 MMSE도 최초의 하세가와 치매척도를 공표한 이듬해인 1975년에야 공표되었습니다.

_____ 변별력 있는 기준을 만들다

　　어디에서도 참고할 만한 자료를 찾지 못했던 나는 치매 기준을 어떻게 만들어야 할지 고민하다가 그동안 치매를 진단할 때 정신과의가 질문하던 항목을 나열하는 작업부터 하기 시작했습니다.

　　먼저 '몇 살입니까?', '이름은 무엇인가요?' 같은 기초적인 개인 정보를 묻는 질문이 모였습니다. 그리고 나중에 하세가와 치매척도에도 포함된, 간단한 뺄셈 등 자칫 어른들이 바보 취급을 당했다고 불쾌하게 여길 수 있는 질문도 담았습니다. 어린아이도 뻔히 다 아는 질문에 "자네, 이거 실례 아닌가?" 하고 화를 내는 사람도 당시엔 많았던 것 같습니다. 어쨌든 최대한 많은 질문들을 수집해 열거한 뒤에 내용을 하나하나 검토하며 항목을 좁혀 들어갔습니다.

　　특히 다음과 같은 사항에 유념해서 선별했습니다.

　　첫째, 체력이 저하된 고령자도 대답할 수 있도록 최대한 짧은 시간 내에 시행할 수 있어야 했습니다. 저희 경험으로 볼 때 30분이 넘는 테스트를 견뎌낼 수 있는 고령자는 많지 않아서 장시간의 테스트는 일종의 지구력 테스트가 되어 버리므로, 될 수 있으면 20분 안에 마칠 수 있어야 한다고 판단했습니다.

둘째, 당시는 지금과 달리 뇌경색이나 뇌출혈에서 오는 치매가 많았기 때문에 글씨를 쓰게 하는 질문은 손떨림 증상이 있는 사람에게는 적합하지 않다고 생각해서 손을 사용해야 하는 질문은 피하기로 했습니다. 또한 시력이 약해진 고령자도 많기 때문에 시각적인 테스트도 가능하면 제외시키는 것이 바람직하다고 결정을 내렸습니다.

마지막으로 가장 중요한 요건으로서, 지적 기능이 정상인 사람이라면 쉽게 대답할 수 있는 반면에 치매 당사자는 대답하기 어려운 질문을 마련해야 한다는 사실에 초점을 맞췄습니다. 한마디로, 쉬운 질문을 많이 던지고 그 쉬운 질문에조차 제대로 대답하지 못하는 고령자를 가려낼 수 있는 검사 기준을 만들고자 한 것입니다.

사실 정신적 증상은 수량화하기 어려운 것이 많습니다. 아무 목적 없이 어슬렁거리며 배회하는 행동도 정신적 증상 안에 속해 있는데, 그 원인은 가지각색입니다. 그런 것들을 수치로 나타낼 수 있는 질문과 함께 섞어 넣으면 점수를 산출하기가 어려워지므로 수량화할 수 없는 내용은 치매를 진단하는 기준 항목에서 제외했습니다.

그리고 그 행동을 할 수 있으면 1점, 할 수 없으면 0점으로 하는 등 질문의 난이도에 따라 배점을 달리했습니다. 그렇게 선별한 결과, 만점은 32.5점이 되었고 소수점 이하까지 나오는 형태가 되었습니다. 그리고 최종 합계 점수가 10점 이하로 나오면 치매라고 진단했습니다. 본보기가 없는 가운데 기준을 만들다 보니 솔직히 걱정도 컸지만, 치매 진단법이 완성된 후 누가 검사하든 거의 같은 점수가 나오자 '단연코 우수한 검사법'이라는 평가를 받게 되었습니다.

_____ '하세가와식'이라는 이름

1974년, 마침내 치매를 진단하는 '기준'이 완성되어 전문학술지에 공표했습니다.*

치매 진단 기준을 개발한 후 처음에는 불안했지만, 간단하면서도 신뢰성과 타당성을 충분히 갖추고 있어 누가 사용해도 거의 똑같은 결과가 나온다는 평가를 받은 후부터는 안심할 수 있

---

* 당시 논문의 제목은 '노인의 치매 진단 기준에 관한 검토'였으며 하세가와 가즈오, 이노우에 가쓰야, 모리야 구니미쓰를 연명으로 하여 제출했다.

었습니다. 여러 기관과 장소에서 발표를 하게 되자 진단법에 이름을 붙이는 것이 좋겠다는 의견이 나왔습니다.

치매 진단법을 공표한 1974년에 저는 성 마리안나 의대에서 교수로 근무하고 있었습니다. 지케이 의대에서 근무하다 그 무렵 설립된 도쿄도 노인종합연구소(현 도쿄도 건강장수의료센터)의 심리정신의학부장으로 자리를 옮겼고, 1973년에 성 마리안나 의대의 교수로 부임한 것이었습니다.

저는 지케이 의대에서 근무할 때 신후쿠 교수의 제안으로 개발한 것이니만큼 '지케이 의대식 치매 진단 검사'로 하는 것이 좋겠다고 생각했습니다. 그런데 함께 개발에 참여한 이노우에 선생과 모리야 선생이 이 치매 진단법은 하세가와 선생님이 조사하고 고안해 완성한 것이니 '하세가와식'이라고 이름 붙이는 것이 좋겠다고 제안했고 결국 동료들의 말대로 '하세가와 치매척도'라는 이름으로 탄생하게 되었습니다.

2018년에 치매척도를 함께 만든 이노우에 선생과 모리야 선생을 몇십 년 만에 만나게 되었는데 그때 이 진단법 명칭이 화제에 올랐습니다. 두 사람이 말하기를, 그 당시 제가 성 마리안나 의대 시절에 완성했으니 '성 마리안나식'이 좋겠다고 말했다고 합니다. 하지만 두 사람이 생각하기에 이름이 너무 길고 약식으

이노우에 가쓰야 씨(좌), 모리야 구니미쓰 씨(우)와 만나 웃음을 보이고 있는 하세가와 가즈오(도쿄에서)

로 줄여서 부를 경우 '성마식'이라는 어감이 좋지 않아, 그렇다면 차라리 하세가와 선생이 고안했으니 하세가와식이라고 붙이는 게 좋겠다고 하여 현재의 명칭으로 결정되었다고 했습니다. 제 기억으로는 '지케이식'이라고 부르자고 했던 것 같은데 말입니다. 어찌 되었든 이러한 경위로 '하세가와 치매척도'라는 명칭이 탄생했습니다.

_____ 불안과 공포도 마음의 일부다, 모리타 요법

여기서 잠깐, 저의 전문 분야와 하세가와 치매척도를 개발하기까지의 생활 모습을 잠깐 소개하고자 합니다. 치매 진단법을 개발한 이후 치매 분야에 깊이 관여하게 되었습니다만, 원래 제가 전공한 분야는 뇌전증과 임상뇌파학입니다. 1953년에 지케이 의대를 졸업한 뒤 동 대학의 정신신경과에 소속되어 모리타 요법과 뇌파학을 공부했습니다.

모리타 요법은 신경과의이자 지케이 의대 교수였던 고 모리타 마사타케 박사가 불안장애 등 신경증을 치료하기 위해 1920년경 창시한 정신요법입니다. 불안과 공포를 배제하고 통제하는 게 아니라 자연스러운 감정으로서 '있는 그대로' 받아들이고, 현재 자신이 해야 할 일을 실행하며 자기실현을 추구하도록 돕는 것이 목적입니다.

당시 지케이 의과대학에는 모리타 교수의 제자인 고라 다케히사 교수가 있었고 대인공포 등으로 고민하는 환자가 많이 찾아왔습니다. 지금은 돌아가셨지만, 그때 고라 교수는 자주 이렇게 말했습니다.

"공포심을 배제하려고 하니까 힘든 거야. 있는 그대로 증상을 받아들이고 가능한 한 마음속에서 갈등을 일으키지 않는 것이 중요하다네."

젊을 때 모리타 요법을 배운 일은 지금의 저에게 여러 면에서 큰 도움을 주고 있습니다.

_____ 환자만 7천 명, 미국 연방 정신병원에 가다

모리타 요법과 뇌파학을 배워 정신과의가 된 저는, 미국으로 건너가 공부한 어느 의사에 대한 기사를 읽은 후 유학하고 싶다는 열망이 생겼습니다. 미국의 정신과 의료는 어떠한지 알고 싶어서 몹시 마음이 끌렸습니다. 그러던 와중에 그리스도교 관련 단체가 실시하는 미국 유학 제도가 있다는 사실을 알고는 어디 한번 도전해 보자고 결심했습니다. 신자라는 자격 요건은 충족되었으므로 어학 공부를 중점적으로 했습니다. 영어 회화 선생을 모셔 지금으로 말하면 일 대 일 집중 과외를 받았고 미국 서부극을 보며 회화 연습을 하기도 했습니다. 그렇게 차근차근 준비하여 유학 시험에 합격해 미국으로 가게 되었습니다.

되돌아보면 운이 많이 따라 주었던 것 같습니다. 시험에서는 영어 발음을 듣고 의미로 구분해야 하는 문제도 있었는데 일본인의 영어 발음에 익숙해져 있던 터라 상당히 고전했습니다. 하지만 다행스럽게도 한 번에 합격했고, 2년 동안 미국에서 연수의로서 공부할 수 있게 되었습니다.

마침내 1956년 여름, 일본을 출국했습니다. 배를 타고 하와이를 경유해 샌프란시스코에 도착하는 데만 약 2주일이 걸렸고, 피로를 풀 새도 없이 배에서 내려 열차로 갈아타고는 워싱턴 D.C.에 도착했습니다. 1달러가 360엔이던 시절이었습니다.

처음 유학한 곳은 워싱턴D.C.에 있는 성 엘리자베스 병원이었습니다. 무척 역사가 깊은 연방 정신병원이라고 듣기는 했지만 막상 가 보고는 총 병상 수가 7000개도 넘는다는 것을 알고 적잖이 놀랐습니다. 회진을 돌 때도 자동차로 병동을 오갈 정도였으니까요.

성 엘리자베스 병원에서는 범죄 이력이 있는 정신장애자가 입원해 있는 병동에서도 연수를 받았습니다. 성범죄자에게는 전문의가 정신분석 요법을 실시했는데, 그들처럼 진료와 대응이 어려운 환자들이 미국 전역에서 모여들었습니다.

이 병원에는 하워드홀이라는 특별한 시설이 있었는데 건물 주변에 콘크리트 벽이 겹겹이 둘러쳐져 있었습니다. 동성애자와 소아성애자들이 모여 있던 곳이었습니다. 이곳에서의 경험을 바탕으로 일본으로 돌아온 후에 미일 양국의 성범죄자 비교에 관한 논문을 썼습니다.

_____ 마음을 잇는 넌버벌 커뮤니케이션

미국 유학은 고생도 무척 많이 했지만 제게 큰 도움이 되었습니다. 하지만 언어 문제만큼은 지독히 고생을 했습니다. 일본에서 영어공부를 열심히 한다고 했는데도 성 엘리자베스 병원에서 실제로 일을 시작해 보니 환자들이 하는 말을 거의 알아들을 수가 없었습니다. 뿐만 아니라 친한 동료 의사 몇몇의 영어를 제외하고는 간호사들의 말조차 이해하지 못해 쩔쩔맸습니다. 너무나도 괴로워서 이래서는 도저히 안 되겠다, 더는 못하겠다는 생각이 들었지요. 결국 3개월째에 지도교수에게 상담하러 찾아갔습니다.

"언어 소통이 제대로 되지 않아서 도저히 공부를 계속할 수 없을 것 같습니다. 다른 전공도 아니고 정신과의인데 말을 이해하지 못하면 일을 어떻게 해 나가겠습니까. 더 큰 폐를 끼치기 전에 그만 일본으로 돌아가겠습니다."

그러자 지도교수는 이렇게 대답했습니다.

"인간의 커뮤니케이션은 언어만으로 이루어지는 것이 아니라네. 넌버벌 커뮤니케이션이라고, 언어에 의존하지 않는 의사소통 방법도 있으니까 조금만 더 힘내 보게나."

그리고는 이렇게 격려까지 덧붙여 주었습니다.

"자네에 대해 아무도 불평하는 사람이 없다네. 자네는 아주 잘하고 있는 걸세."

그 말에 용기를 얻었던 기억이 납니다. '그런가, 그렇다면 조금만 더 해볼까' 하는 마음이 들었지요. 그래서 그 후부터는 좌절하는 시간조차 아끼며 더 열심히 공부했습니다. 영어 공부는 당연히 최선을 다했고, 다양한 커뮤니케이션 방법들을 통해 환자들과 공감할 수 있도록 노력했습니다. 다행히 시간이 지날수록 언어의 벽이 낮아지고 상대가 하는 말도 이해할 수 있게 되었습니다.

지도교수의 조언처럼 사람 사이의 대화는 말로만 이루어지는 게 아닙니다. 인간은 가만히 어깨를 토닥여 주거나 눈을 맞춰 주는 등 다양한 방법으로 서로 소통할 수 있습니다. 오히려 언어에만 의존하지 않는 대화가 큰 신뢰감을 주고 서로의 마음을 통하게 하는 경우가 많습니다. 이것이 바로 '넌버벌 커뮤니케이션non-verbal communication'입니다. 치매 당사자와 관계를 맺어 나갈 때는 넌버벌 커뮤니케이션이 유창한 말보다 더 도움이 됩니다.

일본에서만 공부했다면 이런 깨달음을 얻을 수 없었을 것입니다. 알았다 해도 머리로 아는 것에 불과했겠지요. 비언어적 교감에 대해 마음으로 절실히 깨닫게 해준 미국 생활에 늘 감사한 마음입니다. 그리고 누구 앞에서든 내 의견을 분명히 말하는 태도를 배울 수 있었던 것도 귀중한 경험이었습니다. 이러한 대화 방식을 직접 체험했던 일은 그 이후의 제 인생에 큰 도움을 주었습니다.

───── 뇌파를 눈으로 확인하다

미국에서 유학하던 2년 중에서 마지막 반년 동안은 메릴랜드주 볼티모어에 있는 존스홉킨스 대학병원 뇌과학교실에서 임상뇌파 연수를 받으며 뇌파에 관해 본격적으로 배웠습니다. 두피 위에 놓인 전극과 뇌파계에 의해 뇌의 전위 변화가 시시각각 기록됐는데, 뇌의 작용을 눈으로 보니 흥분과 전율이 느껴졌습니다. 뇌전증과 뇌종양을 진단하는 데 굉장한 도움이 될 게 틀림없다는 생각이 들어 완전히 몰입해서 공부했습니다.

이후 유학을 마치고 지케이 의대로 잠시 복귀했다가 2년 뒤 다시 미국으로 유학을 떠나게 되었습니다. 이번에는 워싱턴이 있는 동부 지역이 아니라 서부 지역으로 가게 되었는데, 바로 캘리포니아대학 샌프란시스코캠퍼스 부속병원에서 객원 강사로 초빙했기 때문이었습니다. 그곳에서 2년간 머무르는 동안에는 주로 뇌파 진단에 관해 연구했습니다. 그리고 귀국 후에는 지케이 의대로 돌아가 정신신경과 강사로서 뇌전증 진료를 시작했습니다. 나중에 제 인생의 스승이 되는 신후쿠 나오타케 교수와 '운명적인 만남'을 갖게 된 시기가 바로 이때입니다.

_____ 아내라는 버팀목

운명적인 만남을 말하자면 아내와의 인연을 빼놓을 수 없습니다. 저는 예전부터 알고 지내던 아내와 미국으로 두 번째 유학을 떠나기 전, 도쿄도내의 호텔에서 결혼식을 올렸습니다.

결혼했을 때는 제가 서른한 살, 아내 미즈코는 스물한 살이었습니다. 아내는 무사시노 음악대학 피아노과에 재학 중인 학생이었는데 사실 처음 만난 것은 그보다 훨씬 전으로, 아내가 아직 초등학생일 때였습니다.

한동네에 살았던 우리는 두 사람 다 그리스도교 신자였기 때문에 교회의 일요학교에서 매주 인사를 나눴습니다. 어느 날 일요학교에서 신이 우리를 지켜보고 계신다는 이야기가 화제에 올랐는데 어린 미즈코가 한참동안 하늘을 올려다보고 있었습니다. 신과 눈을 맞출 수 있다고 생각했던 것일까요. 목이 아프도록 하늘을 쳐다보는 그 모습이 무척이나 사랑스러워서 귀여운 아이구나 하고 생각했습니다. 하지만 그때는 그 아이가 장래에 제 아내가 될 줄은 꿈에도 생각하지 못했습니다.

결혼식을 올린 후, 전 먼저 샌프란시스코로 건너갔고 아내는 반년쯤 뒤에 대학을 졸업하고 뒤따라 왔습니다. 아내가 미국에 도착한 날 바라보던 금문교는 정말이지 예쁘고 멋있었습니다. 그 후 큰딸을 임신하여 아내는 출산 준비를 위해 반년 정도 먼저 귀국했습니다.

아내는 야무지고 성실하며 명랑한 사람입니다. 가끔 무서울 때도 있습니다. 가계를 맡아 전권을 장악하고 있으니까요. 게다가 아내는 저의 모든 동선을 꿰뚫고 있습니다. 제가 슬쩍 찻집이나 이발소로 외출이라도 하면 어떻게 알았는지 바로 찾으러 옵니다. 이웃들이 아내에게 이런저런 정보를 알려 주는 것이겠지요.

어쨌든 제가 지금 존재하는 것은 모두 아내 덕분입니다. 저에게는 말할 수 없이 고마운 사람이지요. 만약에 아내가 먼저 저세상으로 떠난다면 하늘이 무너지는 것이나 다름없는 큰일입니다. 그것만큼은 어떻게든지 정말, 제가 먼저 가고 싶습니다.

_____ 반드시 알아야 할 하세가와 치매척도의 숨은 의미들

다시 치매척도 이야기로 돌아가겠습니다. 개정판 치매척도에는 9가지 질문 항목이 있습니다. 이들 질문에는 치매인지 아닌지를 판단하기 위한 각각의 의미와 역할이 담겨 있습니다. 어떤 역할이 있는지 조금 더 상세히 설명해 보겠습니다.

질문 〈1〉 '몇 살입니까?'는 기억, 질문 〈2〉 '오늘은 몇 월 며칠입니까? 무슨 요일이지요?'는 일시에 대한 지남력을 측정합니다. 지남력이란 시간과 장소 그리고 이에 관련된 주위의 일을 정확히 인식하는 기능을 말합니다. 질문 〈3〉 '지금 우리가 있는 곳은 어디인가요?'는 장소를 인식하는 지남력, 질문 〈4〉 '지금부터 들려드리는 세 가지 단어를 말해 보십시오. 나중에 또 질문할 테니 잘 기억해 두세요'는 즉시 재생 능력을 측정합니다. 즉시 재생 능력은 그 자리에서 바로 단어를 재생해서 말해 보는 일입니다.

질문 〈5〉 '100에서 7을 차례로 빼 보세요'는 계산력과 주의력, 질문 〈6〉 '제가 지금부터 말하는 숫자를 거꾸로 말해 보세요'는 기억력과 주의력, 질문 〈7〉 '아까 외웠던 단어를 다시 한번 말해 보세요'는 지연 재생을 측정합니다. 지연 재생은 즉시 재생과 달리 나중에 단어를 떠올려서 말하는 일입니다. 질문 〈8〉 '지금부터 다섯 가지 물건을 보여 드린 후 숨길 테니, 어떤 물건이 있었는지 말해 주세요'는 기명력記銘力을 측정하는 것입니다. 기명력은 기억의 제1단계이며 경험하고 학습한 것을 암기하는 능력을 뜻합니다. 질문 〈9〉 '알고 있는 채소의 이름을 최대한 많이 말해 보세요'는 언어의 유창성, 즉 술술 막힘없이 말할 수 있는가를 보는 항목입니다.

———— '93에서 7을 빼 보세요'는 잘못된 질문입니다

하세가와 치매척도를 사용하는 의료 관계자들이 각 항

목마다 '왜 이 질문을 하는 것인지' 그 의미를 충분히 이해해 주길 바랍니다. 그 이유에 대해 한 가지 예를 들어 보겠습니다.

치매척도 다섯 번째 항목을 보면 '100에서 7을 차례로 빼 보세요' 하는 질문이 있습니다. 왜 하필 '7'일까요? 단순합니다. 뺄셈을 할 때 3은 너무 쉽고 5는 더욱 쉬워서 7로 정한 것입니다.

그런데 '100에서 7을 차례로 빼 보세요' 하는 말에 수검자가 '93'이라고 대답하면, 검사하는 의료진 중 일부가 '93에서 또 7을 빼면 얼마인가요?' 하고 묻는다고 합니다. 이는 잘못된 것입니다. '거기서 또 7을 빼 보세요'라고 해야 옳습니다.

이 질문의 목적은 스스로 93이라는 숫자를 기억해서 뺄셈을 하는, 두 가지 작업을 동시에 수행할 수 있는지를 판단하는 질문이기 때문입니다. 검사하는 측이 알아내야 하는 능력도 계산력과 주의력 두 가지 다입니다.

치매에 걸리면 한 가지 일에 집중하기도 어렵고, 여러 가지 일에 동시에 주의를 기울이기도 어렵습니다. 특히 요리나 가사는 여러 가지 일을 동시에 하는 고도의 작업이기 때문에 치매 상태가 되면 이 일들을 해내기가 어려워집니다. 조림요리를 하면서 생선을 굽기란 쉽지 않습니다.

그런가 하면, 기억했다가 나중에 다시 떠올릴 수 있는지를 묻는 '지연 재생'은 대답하지 못하는 경우가 많은 질문 중 하나입니다. 특히 이것은 알츠하이머형 치매에 특이하게 나타나는 징후로 봅니다.

알고 있는 채소를 가능한 한 많이 말해 보라는 질문은 언어의 유창성을 보는 질문으로 치매인 사람도 웬만하면 다섯 개까지는 너끈히 댈 수 있습니다. 그래서 이 질문은 다섯 개까지 말한 후 몇 개를 더 말할 수 있느냐가 중요합니다.

이처럼 질문에는 제각각 역할이 있습니다. 질문의 목적과 의미를 잘 헤아려 검사를 진행해야 합니다.

_____ 부탁하는 자세로 묻기

매 검사를 실시할 때 반드시 주의해야 할 사항이 있습니다. '부탁하는' 자세를 잊어서는 안 된다는 것입니다. 검사에서는 간단한 암산 등 수검자의 자존심을 상처 입히는 질문도 하게 되므로 어디까지나 정중하고 신중하게 부탁하는 자세를 잊지 않는 것이 좋습니다. 또한 치매척도 검사만으로 치매 진단을 내려 버리거나 중증도를 결정하는 것은 위험합니다. 교육 수준이 높은 사람이 높은 점수를 받을 수도 있고, 한편으로는 인지기능이 정상이어도 기력이 떨어졌을 때는 낮은 점수가 나오기도 하기 때문입니다. 테스트를 받은 두 사람의 점수가 같은 경우에도 각자 틀린 항목이 다르기 때문에 대답 내용을 면밀히 살펴봐야 합니다.

그 밖의 치매 검사로 화상 진단이나 문진도 있습니다. 궁극적으로 치매는 '일상생활의 장애'이므로 가족이나 간병인 등 평소에 본인을 잘 아는 사람이 치매 당사자의 생활 모습을 주의 깊게 살펴서 종합적으로 판단하는 것이 무엇보다 중요합니다.

＿＿＿＿ 진짜 의사로 이끌어 준 인생의 스승

이 장의 마지막에서는 치매 진단 기준을 만들라고 권했던 저의 은사 신후쿠 교수에 관해 말하고 싶습니다. 신후쿠 교수는 가고시마현 출신으로 고지식하게 공부만 하는 연구자가 아니라 털털한 성격에 스포츠를 좋아하는 활동적인 사람이었습니다. 그중에서도 야구를 무척 좋아했지요. 기백이 넘쳤던 신후쿠 교수는 지케이 의대에 처음 부임해 왔을 때도 뭔가 새로운 시도를 해보겠다는 의기가 충만해 많은 일들을 제안하고 추진했습니다. 그래서 의국 직원들이 지레 겁을 먹고 가까이 다가가지 못하는 경우도 많았습니다. 고백컨대, 명령하는 느낌이 강하고 일에는 굉장히 엄격해서 솔직히 저도 처음에는 무섭고 약간 어려웠습니다. 하지만 의국장을 맡아 하던 때라 거리를 두기는커녕 신후쿠 교수와 가장 가까이에서 일을 해야만 했고, 특히 의국 직원들과의 사이에서 가교 역할을 하느라 마치 그림자처럼 교수의 곁에 바짝 붙어 있을 수밖에 없었습니다.

신후쿠 교수가 도호쿠 지방에 있는 병원을 돌아보던 어느 날도 마찬가지로 줄곧 함께 다녔는데, 그때 그 분에 대한 생각이 완전히 달라졌습니다. 무척 힘들기는 했지만 교수님에게 정말로 많은 것을 배웠습니다. 자상한 말로 "하세가와 군, 이건 이렇고 저건 저렇다네" 하면서 일일이 가르쳐 준 것은 아니었지만, 교수님의 어깨 너머로 기술과 마음 자세를 따라 익히고 배울 수 있었던 시간이었습니다. 수련의들에게 엄격하고 많은 프로젝트를 시작한 것도 환자들에게 조금이라도 도움을 주기 위해서였다는 걸 새삼 깨달을 수 있었습니다.

그러고 보니 한 가지 재미있는 일이 기억납니다. 신후쿠 교수가 지케이 의대가 자리하고 있는 도쿄 미나토구의 아타고야마

지역 주민들에게 강연을 하고, 제가 그 강연을 보좌하던 때의 일입니다. 교수님이 강연이 시작되기 전에 제 쪽을 흘낏 쳐다보더군요. 교수님의 그런 표정은 처음 보았습니다. 쑥스러운 듯도 하고 머쓱한 것 같기도 한, 뭐라고 표현하기 힘든 아이 같은 순수한 표정이었습니다.

이때는 지역 사람들을 대상으로 한 강연이어서 평소 병원에서 의사들에게 강의할 때처럼 어려운 내용이 없었습니다. 그래서 교수님도 초심자들을 대상으로 무척 자상하고 이해하기 쉽게 이야기했습니다. 아마도 격식을 내려놓은 느슨한 모습을 제자인 제게 보이기가 겸연쩍었던가 봅니다. 뭐라 말할 수 없는 수줍은 미소를 본 순간, 저는 스승에게 무척 친근감이 느껴졌고 '교수님은 좋은 분이구나' 싶었습니다.

저는 늘 신후쿠 교수가 저를 키워 주었다고 생각해 왔습니다. 저의 진정한 은사는 당연히 신후쿠 교수입니다. 제가 일에서 성공하고 명예를 얻은 것도 따지고 보면 신후쿠 교수가 치매 진단 기준을 만들라고 과제를 준 덕분이니까요. 좋은 은사를 만날 수 있어서 정말 행운이었습니다.

5장

치매에 걸려도 안심할 수 있는 사회를 위하여

5장 。치매에 걸려도 안심할 수 있는 사회를 위하여

_____ 치매자 실태 조사에 나서다

치매 진단의 표준으로 인정받을 수 있는 치매척도를 개발하기 위해 저와 연구팀은 그야말로 전국을 누비며 수없이 많은 조사를 실시했습니다. 도쿄에 있는 노인요양시설을 다니며 어떤 종류의 정신장애가 있는지 살펴보았고 전국 약 900곳의 시설에서 설문 조사를 실시했으며 전국의 100세 이상 고령자 현황도 조사했습니다. 또한 노화가 지적 기능에 미치는 영향과 개발 중인 치매 진단법의 유효성에 관해서도 폭넓게 알아보았습니다.

그때의 조사 결과를 바탕으로 신후쿠 나오타케(지케이 의대 정신신경과교실 교수, 사회정신의학연구소 소장), 다케우치 사다코

(사회정신의학연구소 연구원) 그리고 저, 이 세 사람이 작성한 논문 〈전국 시설 노인의 정신의학적 실태 조사〉(1969)에는 다음과 같이 기술되어 있습니다.

"후생노동성 통계에 따르면 노년을 60세 이상으로 볼 때 일본의 노년 인구 비율은 1955년에 8.1%(724만 명)였으나 1965년에는 9.7%(952만 명), 1969년에는 10.3%(1039만 명)로 증가했으며, 1985년에는 14%(1674만 명), 1995년에는 18%(2247만 명)에 도달할 전망으로 오늘날 전 세계에서 고령화 경향이 가장 두드러진 프랑스와 영국의 수준을 상회할 것으로 예상된다. 노년 인구의 증가는 정신의학 영역에도 중요한 문제를 산적시켰다. 즉, 노년 인구의 증가 자체와 문명의 진보에 따른 사회경제적 환경의 급격한 변화가 맞물려 노년기의 정신장애가 늘어나고 있으며, 앞으로도 틀림없이 이러한 증가 추세는 계속될 것이다.

그러나 일본은 노인 정신장애에 관한 조사 자료가 매우 빈약한 상태로, 심지어 전국적 규모의 실태 조사는 거의 이루어지지 않고 있다. 이는 아직도 노년정신의학이 정신의학 영역 중에서도 암흑인 미개척 분야라는 점과 노년정신장애의 분류 자체가 제대로 확립되어 있지 않다는 점, 또한 노인의 정신기능에 대한 판정도 판단하는 자의 입장에 따라 좌우되기 쉽다는 점 등의 문제에서 기인하는 경향이 크다."

1973년 봄, 치매 진단법을 개발하던 와중에 도쿄도로부터 '가정에 치매 고령자가 얼마나 있는지를 조사해 달라'는 의뢰를 받았습니다. 이때 저는 성 마리안나 의대 교수로 이직이 결정되어 있었는데, 정식 출근 전에 단기간이라도 좋으니 도쿄도 노인종합연구소로 와 달라는 제안을 받고 부임해 있을 때였습니다. 당시 도쿄도지사는 혁신 지사로 잘 알려진 미노베 료키치 씨였습니다. 부임 의뢰를 받기 전년도에 아리요시 사와코의 소설《황홀한 사람》이 상당히 호평을 받았기 때문에 의회에서 도지사에게 도쿄도의 실태가 어떤지를 물어 왔던 모양입니다.

당시의 상황을 짧게 개괄해 보자면, 일본은 1970년에 65세 이상 인구의 비율이 7%를 넘어서 '고령화사회'로 돌입했습니다 (14%를 넘으면 '고령사회'라고 한다. 일본은 1994년에 고령사회가 되었다). 이런 분위기 속에서 1972년에 출간된 소설《황홀한 사람》은 폭발적인 반향을 불러일으켰고 영화로도 제작되었습니다. 이 소설은 치매에 걸린 시아버지의 간병에 쫓기는 주부의 모습을 그린 것으로, 간병하는 가족의 고달픈 모습을 통해 가족에게만

떠맡기는 부실한 복지 시책의 뼈아픈 현실을 여실히 보여 주었습니다. 고령화사회로 들어선 일본이 직면한 다양한 과제를 뉴스화하고, 치매가 가정의 숙제가 아닌 사회적 책임의 관점에서 바라봐야 하는 과제라는 사실을 처음으로 부각시켰다는 점에서 높이 평가받았던 기억이 납니다.

그러나 다른 한편으로는 '황홀한 사람'이라는 말이 본래의 의도와 상관없이 널리 알려진 탓에 '치매에 걸린 사람은 아무것도 분간하지 못하는 사람, 무슨 일을 저지를지 모르는 무서운 사람'이라는 잘못된 이미지를 확산시켰다는 폐해도 지적되었습니다(소설의 제목 '황홀'에는 일본어와 한국어 모두 '흐릿하여 분명하지 아니함'이라는 의미가 있다-역주). 더욱이 《황홀한 사람》은 간병하는 인물의 시점에서 치매를 그리고 있어 치매 당사자의 시점은 전혀 드러나지 않는 것이 무척 아쉽습니다.

어쨌든 이 소설로 인해 치매에 대한 대중의 관심이 높아진 것은 사실입니다. 하지만 당장 사회 시스템이 달라진 것은 아니었습니다. 정부에서는 치매 문제에 대응하기 어렵다는 이유로 '자리보전하고 있는 노인'에 대한 대책만을 선행했습니다. 치매에 특화된 본격적인 대처는 1980년대 후반이 지나서야 비로소 이루어지기 시작했습니다.

제가 직접 진행한 각 가정의 치매 고령자 실태에 대한 조사는 1973년 성 마리안나 의대 교수로 부임한 뒤에 시작됐습니다. 우리는 도쿄도내에 사는 65세 이상 인구 가운데 5000명을 무작위로 선정해 조사하면서 대상자 범위를 좁혀갔습니다. 최종적으로 약 600명의 대상자를 가려 선별한 뒤 의사와 심리 전문가가 한 조가 되어 공표 전의 하세가와 치매척도 조사표와 혈압계 그리고 선물로 줄 시트를 가지고 각 가정을 방문했습니다.

_____ 헛간에서 울부짖는 사람

첫 실태 조사는 정말 충격적이었습니다. 치매에 대해 나름 오랜 시간 연구했다고 생각했는데 그것은 저만의 착각이었다는 것을 확인한 순간이었습니다. 조사 대상자의 가정을 직접 찾아가 보고서야 환자의 진짜 상태를 알 수 있었습니다.

대부분의 환자들은 병원에 올 때 외출복을 입고 점잖은 차림새로 옵니다. 그래서 다른 모습은 전혀 상상하지 못했습니다. 그런데 집에 가 보니 병원에 온 사람과 전혀 다른 모습의 낯선 사람이 있었습니다.

어느 농가에서는 치매 당사자가 외양간 옆에 있는 헛간에 갇혀서 울부짖고 있었습니다. 그는 자리보전을 하고 누워 있는 게 아니라 원기가 왕성했습니다. 그런 광경을 다른 집에서 몇 번이나 더 보았습니다.

치매 당사자가 몸져누운 채 혼자 방치되어 있고 간병하는 사람의 모습은 찾아볼 수 없는 가정도 있었습니다. 옆에는 주먹밥이 놓여 있을 뿐이었지요. 개중에는 땀을 줄줄 흘리며 누워 있는 사람도 있었습니다. 방에는 난로가 켜져 있었기에 이 더운 방에서 그대로 자다가는 탈수증에 걸릴 염려가 있다고 알려 주었지만 가족들은 감기에 걸리면 안 된다며 치매 당사자를 담요로 꼭꼭 덮어 주었습니다. 또한 도쿄도내는 아니었지만 역시 치매 당사자가 혼자서 집에 있는 가정이 있었는데, 그는 마당을 어정버정 걸어다니며 일하러 간 딸이 돌아오기를 기다리고 있었습니다. 곁에는 점심 도시락과 귤이 덩그러니 놓여 있었지요. 또 어떤 가정에서는 제가 방문하자 보호자가 저를 붙잡고는 "선생님, 어떻게 좀 해 주세요. 보시다시피 이 지경입니다" 하며 매달린 적도 있었습니다.

이 방문 조사를 통해, 병원에서 외래환자를 진료할 때는 결코 알 수 없었던 현실을 수없이 눈으로 목격했습니다. 이 경험이 있었기에 나중에 재택 케어나 개별 돌봄(한 사람 한 사람의 상태를 면밀히 살펴보고 맞춤 케어를 하는 일)의 중요성을 더욱 깊이 실감할 수 있었습니다.

치매에 대한 이해도도 낮고 사회적 관심이나 케어 시스템이 거의 전무했던 시절이라고는 해도 당시 치매 당사자의 상황은 정말 비참했습니다. '쓸모없는 사람' 또는 '집안의 수치'로 여겨져 집안에서 방치되거나 다른 방에 격리되어 있는 경우가 많았습니다. 가족이 더 이상 집에서 보살필 수 없게 되면 정신과병원이나 노인병원에 의탁했습니다. 하지만 의료상의 치유는 기대할 수 없었기에 침대 위에서 손이나 허리가 묶인 채 잠을 잘 뿐이었지요. 격리와 수용과 구속, 그런 시대였습니다.

_____ 가족 모임의 탄생

성 마리안나 의대에서 외래 진료를 시작하자 치매 당사자가 많이 찾아왔습니다. 사회도 정치도 치매 문제에 진지하게 마주하지 않으면 심각한 사태가 벌어질 거라는 위기의식을 느끼기 시작한 때가 바로 이즈음이었습니다.

1980년 교토에서 치매 가족들의 모임이 생겼습니다. 당시는 '치매 노인을 돌보고 있는 가족들의 모임(현 인지증 당사자와 가족의 모임. 본부는 교토시에 있음)'이라고 불렀습니다. 저는 이 무렵 해외에서 개최되는 학회에 자주 참석했는데, 큰 규모의 학회에는 각국의 가족 모임 단체가 많이 참가했습니다. 그런데 일본에서는 한 팀도 오지 않았습니다. 다른 국가에서는 대부분 가족 모임의 대표와 전문의가 한 팀이 되어 참가한 것을 보고 저는 그러한 상황 정보를 교토의 가족 모임에 전달했습니다. 그 이후로 가족 모임과 의료진의 교류가 이루어졌고, 2004년 일본에서 국제 알츠하이머병협회가 국제회의를 개최했을 때는 저도 대회 조직 위원장으로 관여하게 되었습니다.

그렇다고는 해도 1970년대와 1980년대 당시는 여전히 가족이 치매에 걸려도 남들에게 말하지 못했고, 특히나 이웃에게는 절대로 털어놓지 못하는 상황이 보편적이었기 때문에 치매 당사자는 물론 가족들도 상당히 힘들었을 겁니다. 치료제도 없고 의료계가 아무 도움을 주지 못했으며 주위 사람도 어떻게 돌봐야 하는지 전혀 모르는 시대였으니까요.

후생노동성 내에 '치매성 노인대책 추진본부'가 설치된 것은

1986년도였습니다. 당시 보건의료국 기획과장의 보좌이며 대책추진본부 사무국 책임자로 일한 나카무라 슈이치(현 국제의료복지대학 교수)는 그 시대를 이렇게 설명했습니다.

"후생노동성이 치매에 대한 대책을 의식한 것은 1972년, 아리요시 사와코의 소설 《황홀한 사람》이 베스트셀러가 되었을 때의 일입니다. 국민들은 치매가 심각한 문제임을 인식했고 그러한 의식은 관공서도 마찬가지였지요. 그 무렵 도쿄도는 미노베 료키치 도지사가 가장 활발히 일할 때였는데 노인복지대책의 내용을 충실하게 하려는 움직임이 일종의 유행처럼 번지던 상황이었습니다. 하지만 치매 당사자에 대한 대책의 필요성을 절실히 느끼면서도 달리 손쓸 방법이 없었습니다. 솔직히 말하면 치매를 잘 알지 못했던 것이지요. 결국 자리보전하고 있는 고령자들을 위한 노인 대책이 선행되었고 어설피 착수할 수 없는 치매 대책은 나중으로 미뤄졌습니다.

《황홀한 사람》이 출간된 지 약 15년이 지나서야 겨우 국가 행정기관에서도 뒤처져 있는 치매 분야에 대한 대책 마련이 시급하다며 대책추진본부 설립을 논의하기에 이르렀고 그 결과로 치매성 노인 대책추진본부가 설치되었습니다. 그때까지 후생노동성 내부에서도 '알츠하이머'라는 용어를 알고 있는 사람이 없을 정도였으니 치매성 노인 대책 마련이 얼마나 뒤처져 있었는지는 더 말하지 않아도 알 것입니다.

사무국 책임자로서 하루빨리 대처하기 위해 어떻게든 공부해야 한다고 고심하던 차에, 마침 구마모토현에 있는 정신과병원의 치매 환자에 대한 노력과 집념을 기록한 영화가 완성되어 후생노동성에 추천 의뢰가 들어왔습니다. 하네다 스미코 감독이 만든 〈치매성 노인의 세계〉라는 다큐멘터리 영화였습니다. 후생노동성 직원들의 계발도 필요하다고 판단해 시사회를 열었는데, 무척 좋은 영화여서 치매를 이해하는 데 큰 도움이 되었습니다. 여기에 더해 치매성 노인 대책추진본부에서는 각종 연구자료를 통해 치매를 공부하면서 대책을 검토했습니다.

먼저 전문가 회의 설치와 치매 발생률 추계 등 여러 가지 일을 시행했습니다. 재택 치매 고령자의 발생률은 고령자 인구의 4.8%라는 결과가 나왔으며 장래의 추계도 실시해 '2015년에는 185만 명'에 이를 것이라는 예측도 내놓았습니다. 또한 당시 치매 당사자를 '망령난 노인'이나 '치매성 노인' 등 다양한 이름으로 불렀기 때문에 적어도 명칭을 통일하기로 결정하고 논의를 통해 '치매성 고령자'로 정하기도 했습니다. 나중에 '치매'라는 용어 자체가 문제가 되었지만 이때만 해도 아직 용어가 지닌 의미까지는 생각이 미치지 못했던 것입니다."

_____ 국제노년정신의학회 회의를 개최하다

1973년에 성 마리안나 의대 교수가 되고 나서 국제회의와 해외에서 개최하는 학회에 참석하는 일이 많아졌습니다. 일하느라 가족과 함께 보내는 시간이 적어졌지만 그래도 가족간의 연대감을 유지하고 싶어서 아이들의 생일에는 '생일 축하한다!'라고 적은 카드를, 다소 늦어지는 경우가 있더라도 항공편으로 보내곤 했습니다. 그런 저에게 당시 열세 살이던 큰딸이 만화 일러스트가 그려진 편지 한 장을 주었습니다. 펼쳐 보니 ' 힘내 아빠! 이겨 내 아빠! 포기하지 마 아빠! 끝까지 해내는 거야 아빠! 화이팅! 아빠' 이렇게 쓰여 있더군요. 어찌나 기쁜지 기운이 났습니다. 지금도 소중히 간직하고 있습니다. 물론 편지글 맨 마지막에는 '선물 잊지 마~'라는 말도 빠지지 않았지만요.

1985년 스위스에서 개최된 회합에 참석했을 때의 일입니다. 이 회합에서 국제노년정신의학회의 제4회 국제회의를 어디서

열 것인지가 의제로 나왔습니다.

　국제노년정신의학회의 첫 회의는 1982년 이집트에서 개최된
이후 제2회는 1985년 스웨덴에서, 제3회는 1987년 미국에서 개
최되었습니다.

　여러 국가가 후보지로 이름을 올린 가운데 독일 연구자에게서
'아직 아시아에서는 열린 적이 없으니 다음에는 일본에서 개최
하면 어떨까요?' 하는 제안이 나왔습니다. 그러고는 갑작스럽게
제가 지명되었지요. '앗, 어쩌지?' 그때 일본에는 아직 노년정신
의학회가 없었습니다. 그런 상태에서 국제회의 개최를 받아들여
도 괜찮은 걸까. 한순간 망설였지만 지금 거절하면 다음에 언제
또 기회가 올지 모른다는 생각이 머리를 스쳤습니다.

　"하겠습니다."

　즉시 대답하자 그것으로 제4회 국제회의는 일본에서 개최하
기로 결정되었습니다. 이때부터가 고난의 시작이었습니다. 다행
히 당시 오사카대학교에 몸담고 있던 고 니시무라 쓰요시 교수
가 "꼭 해냅시다" 하고 의지를 보여 주어 마치 천군만마를 얻은
듯 했습니다.

　우리는 우선 일본노년정신의학회를 연구회 형태로 설립하고

제1회 회합을 열어 국제회의 개최를 위한 체제를 갖추었습니다. 그리고 우여곡절 끝에 제4회 국제노년정신의학회가 1989년 9월, 도쿄 신주쿠에 있는 호텔에서 개최되었습니다.

저는 학회 개최를 맡은 회장이었습니다. 멀리 이국의 섬나라까지, 과연 연구자가 몇 명이나 와줄 것인지, 정말 성공적으로 개최할 수 있을지 학회가 열리기 직전까지 불안했습니다. 하지만 걱정도 잠시, 시작 시간이 가까워지자 해외의 저명한 정신과의들이 차츰차츰 회의장을 채워 나갔습니다. 전체 약 750명 가운데 250~300명 정도가 외국에서 온 참가자였습니다. 미국의 폴스타인 교수도 일본을 방문해 깊은 친교를 맺을 수 있었습니다. 하세가와 치매척도를 공표한 다음 해에 공표되어 지금도 전 세계에서 사용되고 있는 치매 진단법인 'MMSE'를 개발한 분이지요. 그 밖에도 일본에서 개최된 국제학회가 의미 있는 자리가 될 수 있도록 힘써 주신 여러 연구자들 덕분에 학회를 성공적으로 마칠 수 있었습니다.

첫 국제회의 개최는 일본 정신의학 역사에서 큰 화제가 되었습니다. 그 뜻깊은 순간이 실현된 것은 돈도 의료기술도 아닌, 한 사람 한 사람의 흔들리지 않는 의지와 노력 덕분이었습니다.

인연과 운 그리고 결단의 중요성을 절실하게 느꼈던 경험이었습니다.

_____ 가족의 눈물을 닦아 주는, 간병의 사회화

해외와 일본을 오가며 일하는 가운데 1991년 '개정판 하세가와 치매척도HDS-R'를 공표했습니다. 질문 수를 최대한 줄이려고 11개 항목에서 9개 항목으로 조정했는데, 포함시킬 것과 삭제할 것을 결정하느라 시간이 많이 지체됐습니다. 공동연구개발자인 가토 신지 교수에게도 "교수님, 빨리 선정해 주시죠" 하고 수차례 재촉을 받았을 정도였지요.

어느 연구회의 부탁으로 강연을 하러 갔을 때는 사회자가 "하세가와 치매척도를 변경하신다는 얘길 들었는데 어떻게 바꾸실 건가요?" 하고 느닷없이 질문을 던지는 바람에 순간적으로 "그건 기업 비밀입니다" 하고 대답했다가 강연장이 폭소로 가득 찬 일도 있었습니다.

치매 케어의 역사를 되짚어 봤을 때 치매 진단법을 개발한 것만큼 뜻깊고 중요한 사건이라고 생각하는 일이 있습니다. 바로

2000년 4월부터 연금보험과 의료보험에 이어 공적 사회보험제도로서 '개호보험제도'가 시작된 일입니다. 고령자를 간병하고 돌보는 일은 가족만의 문제가 아니라 사회 전체가 짊어져야 할 문제라고 확실히 명시하고 있으니 '간병의 사회화'에 한 획을 그은 셈이지요. 참고로, 개호보험이 시작된 해에 '성년후견제도'가 시작된 것도 기쁜 성과입니다.

개호보험제도는 혼자 일상생활을 꾸려 나갈 수 없는 65세 이상 노인들에게 간병이나 재활에 필요한 서비스를 제공해 주는 보험입니다. 40세 이상이 되면 개호보험에 자동 가입되며 보험료는 소득에 따라 차등 납부합니다. 40세~64세 국민이라도 개호보험에서 지정한 특정 질환으로 인해 간병이 필요한 경우 혜택을 받을 수 있습니다. 대상자에게는 특별양호노인요양원(공적으로 운영되는 개호보험시설-역주)을 비롯한 시설 서비스와 방문 돌봄 등의 재택 서비스가 제공됩니다.

소수 인원의 치매 고령자가 가정적인 분위기 속에서 생활하는 '그룹요양원'은 치매 간병을 위한 획기적인 비책입니다. 당초(2000년 4월) 149만 명이었던 이용자 수는 2018년 4월에는 474만 명으로 약 3.2배나 증가해 개호보험제도는 몸이 불편한 고령자를 돌보는 데 없어서는 안 되는 제도로서 자리매김되었습니다.

또한 성년후견제도는 치매, 지적장애, 정신장애 등 판단능력이 부족한 사람의 재산이나 권리를 후견인이 지켜 주고 생활을 지원하는 제도입니다. 당시 개호보험제도와 성년후견제도는 서로 밀접한 관계로서 발족되었습니다.

고령화가 진행되고 치매 당사자가 늘어감에 따라 간병과 돌봄을 담당할 인재를 제대로 양성할 필요가 있다는 목소리가 점점 더 커졌습니다. 그리하여 도쿄와 센다이, 아이치현의 오부시, 이렇게 세 군데에 치매 케어 전문센터가 설립되었습니다. 저는 1993년에 성 마리안나 의과대학장이 되었고 1999년에는 부이사장으로 취임했습니다. 그리고 2000년에 치매 케어 도쿄센터장으로 취임해 치매 케어 분야의 리더가 될 인재를 양성하기 위한 연수를 시작했습니다.

_____ '치매'를 치매라고 부를 수 없는 이유

2004년 봄으로 기억합니다. 세 군데의 치매 케어 센터장 모임에서 오부 센터장이 '치매'라는 용어에 대해 문제를 제기했습니다. 당시에는 의료 현장은 물론이고 행정용어로서도 치매라는 말이 당연하게 사용되고 있었습니다. 그런데 오부 센터장이 지역구에서 치매의 예방과 치료를 위한 캠페인을 추진하려고 하자 시민들이 '실례로군. 그런 모멸적인 행사에 참가하고 싶지 않아' 하며 반발했다는 것입니다.

누군가를 무시하거나 차별할 의도는 눈곱만큼도 없었습니다만, 듣고 보니 심한 말이더군요. '치매癡呆'는 의학용어나 행정용어로서뿐만 아니라 일반적으로도 널리 사용되고 있지만, '어리석은 사람', '바보', '멍청이' 등 모욕적인 의미를 담고 있어서 공식적으로 사용하기에는 적합하지 않다는 생각이 들었습니다.

어떻게든 해결할 방법을 찾아야겠기에 명칭을 바꾸겠다는 요청서를 세 명의 치매 케어 센터장 연명으로 후생노동성 장관에게 제출했습니다. 요청서가 접수되자 치매를 대신할 용어를 선정하기 위한 검토위원회가 열렸고 저도 위원의 한 사람으로서 참가했습니다. 첫 회합은 2004년 6월에 개최됐습니다.

당시 〈'치매' 명칭 변경을 위한 검토회〉 위원으로는 이베 도시코(세이루카 간호대학장), 다카쿠 후미마로(지치 의과대학장, 일본의학회장), 다카시마 도시오(에세이스트), 다쓰오 가즈오(일본 에세이스트클럽 전무이사), 노나카 히로시(일본의사회 상임이사), 홋타 쓰토무(사와야카 복지재단 이사장) 그리고 저, 이렇게 일곱 명이 선발되었습니다.

　치매라는 용어의 유래를 조사한 후생노동성 자료에 따르면, 치매를 의미하는 단어 'Dementia'는 1872년 만들어진 의학용어 사전 《의어유취》에 '광증狂症의 일종'이라고 번역되어 있었습니다. 그 후 '미치광이', '정신병' 등으로 번역되었는데, 1908년 일본정신의학의 권위자 구레 슈조가 '미칠 광狂'이라는 글자를 피하자는 관점에서 '치매'라는 용어를 제창하여 정착되었다고 합니다. 하지만 '치癡'라는 글자에도 '어리석음, 바보'라는 뜻이 들어있고 '매呆'에도 '멍하다, 넋이 나가다'라는 의미가 담겨 있어 모욕적인 표현이기는 마찬가지라는 의견이 많았습니다. 그래서 일본정부에서는 2004년 '치매'라는 명칭을 변경하기로 했습니다.

_____ '인지증'이라는 새 이름

　치매를 대신할 용어를 선정할 때는 일반인이 이해하

기 쉽고 불쾌감이나 모멸감이 느껴지지 않는 용어를 찾는 데 가장 역점을 두었습니다. 일반인 공모전도 실시했는데 6000건이 넘는 의견이 접수되어 국민들의 관심이 얼마나 높은지를 피부로 느낄 수 있었습니다.

국민들에게 의견을 모집한 결과를 간단히 정리하면, 일반적인 용어와 행정용어로서 '치매'라는 단어를 사용할 경우 불쾌감과 모멸감을 '느낀다'고 대답한 사람은 56.2%, '느끼지 않는다'고 답한 사람은 36.8%였습니다. 또 병원에서 진단명이나 질환명으로 사용되는 경우 '치매'라는 단어에 불쾌감과 모멸감을 '느낀다'고 한 사람이 48.9%, '느끼지 않는다'고 답한 사람이 43.5%로 나왔습니다.

치매를 대신할 용어로서 제시된 6개의 후보 중에서 선택된 순위는 '인지장애'(1118명, 22.6%), '인지증'(913명, 18.4%), '기억장애'(674명, 13.6%), '알츠하이머(증)'(567명, 11.4%), '건망증'(562명, 11.3%), '기억증'(370명, 7.5%) 순서였습니다.

같은 해 12월, 검토위원회에서는 그중 '인지증'이 가장 적절하다고 기록한 보고서를 작성했습니다. 보고서에 적힌 결정의 근거를 그대로 옮겨 봅니다.

① '인지장애'는 국민들의 의견을 모집했을 때 가장 많은 득표 수를 얻었지만, 한편으로 차점인 '인지증'과 그다지 큰 차이는 없으며, 또한 자유롭게 '인지'를 포함한 용어를 제안한 사람이 많았다는 사실을 감안하면 '인지'가 포함된 용어를 지지하는 의견이 가장 많다고 볼 수 있다.

② '인지장애'라는 용어는 정신의학 분야에서 지금까지 다양하게 사용되고 있어 이 용어를 치매의 새 명칭으로 채택할 경우 '치매'로서의 의미와 혼동되어 사용에 혼란을 초래할 우려가 있다. 반면에 '인지증'은 새로운 용어이므로 이러한 혼란의 염려가 없다.

③ 일반적인 용어와 행정용어, 의학용어는 별개의 것으로서 존재할 수 있지만, 가능하면 동일한 용어를 사용하는 것이 바람직하다. 의학용어로서 채택될 개연성은 '인지장애'보다 '인지증'이 더욱 높다고 판단된다.

④ '~장애'로 정할 경우는 증상이 항상 지속되는 인상을 불러일으키지만, 치매는 일부 치유 또는 증상이 안정될 경우가 있으며, 대부분 진행성이라는 특성상 증상이 항상 지속되는 것은 아니다. 따라서 '~장애'는 치매의 실태와 맞지 않는 면이 있다.

또한 검토위원회의 보고서에는 용어의 변경을 홍보할뿐만 아니라, 오해와 편견 해소를 위해 노력해야 한다는 사실도 중요하게 언급되어 있습니다.

'인지증'은 일본어로서 마땅치 않다는 의견과 지나치게 졸속으로 결정했다는 의견도 있었지만, 저는 인지증이 적절하다고 생각했습니다. 치매는 두 글자입니다. 이를 네 글자로 바꾸면 너무 길지만 세 글자로 하면 짧고도 이해하기 쉽습니다. 또한 인지 기능이 장애를 입은 것이므로 인지증이 좋겠다고 생각을 정리했습니다. 검토위원이 아닌 전문의들과 교수들에게도 의견을 물었는데 모두 이 용어가 적합하다고 동의해 주었습니다. 이를 바탕으로 보고서가 제출되었고, 이후로 완전히 '인지증'이라는 용어가 널리 사용되기 시작했습니다.

_____ 전 세계 알츠하이머병 당사자들에게 배우다

치매 케어를 말할 때 2004년은 잊을 수 없는 해입니다. 명칭을 '인지증'으로 변경한 해이기도 하지만, 한편으로는 국제 알츠하이머병협회의 제20회 국제회의가 10월에 교토에서 개최되어 치매 당사자가 모두의 앞에서 자신의 이야기를 했기 때문입니다.

회의는 '국제 알츠하이머병협회'(본부 런던)와 그 가맹단체인 '치매 노인을 부양하고 있는 가족 모임(현 인지증 당사자와 가족의 모임)'이 주최했습니다. 가족 모임은 치매에 대한 오해와 편견이 강했던 1980년에 발족됐는데, 간병으로 고민하는 가족간의 교류와 전화 상담, 회보 발행, 치매에 대한 국가 차원의 지원을 촉구하는 홍보 활동, 사례 연구, 행정 요청 등을 지원했습니다.

치매 당사자가 늘어나는 현실 속에서 다른 국가들과의 정보 교환은 매우 중요합니다. 다행히 '치매 노인을 둔 가족 모임'의 노력으로 일본에서 처음 국제회의가 열렸고 제가 조직위원장직을 맡게 되었습니다. 행사 당일, 과연 많은 참가자가 찾아와 줄 것인가 불안한 마음을 안고 회의장으로 갔는데, 예상을 훨씬 뛰어넘는 수많은 사람이 개장을 기다리고 있어 놀랐던 기억이 납니다. 치매로 인해 도움이 필요한 사람들이 그만큼 많았던 것입니다.

3일 동안 열린 회의에서 가장 인상적이었던 기획은 치매에 걸린 당사자가 실명으로 직접 단상에 올라 자신의 경험을 이야기한 일이었습니다. 대단한 일이지요. 격리와 수용, 구속의 시대에서 벗어나 마침내 여기까지 왔다고 생각하니 감회가 새로웠습니다.

그때 단상에 오른 사람은 후쿠오카현에 살던 57세의 오치 슌지 씌였습니다. 그가 느리지만 분명한 목소리로 "건망증이 시작된 지 10년이 되었습니다. 치매에 걸려 정말 속상합니다. 좋은 치료제가 개발되어 이 병이 낫는다면 다시 한번 일하고 싶습니다. 그리고 지금까지 고생한 아내에게 보답하고 싶습니다"라고 연설을 마치자 회장에는 큰 박수가 울려 퍼졌습니다.

치매 당사자의 목소리를 전하는 데 앞장섰던 오스트레일리아의 크리스틴 브라이든도 남편 폴 브라이든과 함께 참석해 "우리에 관한 일을 우리가 없는 데서 정하지 말아 달라"고 호소했습니다.

_____ "있는 그대로의 저를 지지해 주세요"

오스트레일리아의 정부 고관이었던 크리스틴 씨는 1995년 46세 때 치매 진단을 받았습니다. 처음에는 살아갈 의지를 놓아 버릴 정도로 절망했지만, 가족들의 도움으로 자신의 병을 받아들이고 치매 당사자들을 위한 활동에 나섰습니다. 그리고 세계 곳곳에서 "치매에 걸리더라도 사람은 존중받아야 하며 존엄성을 유지할 가치가 있다"고 호소하여 세상의 인식을 바꿨습니다.

　한 잡지사에서 저를 인터뷰하러 왔을 때 크리스틴 브라이든에 관해 이야기한 적이 있습니다. 크리스틴 씨가 치매 당사자들을 위해 했던 많은 활동들을 오래도록 기억하고 싶어 기사로 실렸던 글을 그대로 옮깁니다.

　"그녀의 저서 두 권은 일본에서도 번역, 출간되어 있어요. 첫 번째 책은《나는 누가 되어 가는가?Who Will I Be When I Die?》(한국 출간서 제목은《치매와 함께 떠나는 여행》이다-역주)이고, 몇 년 후에 쓴 두 번째 책은《나는 내가 되어 간다: 치매와 댄스를Dancing With Dementia》입니다. 제목에서도 알 수 있듯이, 첫 번째 책의 시점에서는 점점 기억을 잃어 가는 그녀의 모습과 결국 정체성마저 사라질 것이라는 두려움이 느껴집니다.

　그녀의 생각이 어느 정도는 맞습니다. 인지기능은 뇌 표면에 있고 부모의 가르침이나 학교 교육, 사회에서 받은 교육 등 오랜 세월에 걸쳐 인풋을 집대성합니다. 이 '인지뇌' 밑에 희로애락의 '감정뇌'가 있고, 그 아래에는 인간의 핵심이 되는 그 사람의 자신다움, 즉 인격과 개성이 결집된 뇌가 있습니다. 알츠하이머병은 가장 위에 있는 '인지뇌'가 기능을 잃고 잇달아 '감정뇌'가 파괴되어 가는 겁니다.

크리스틴은 기억력이 급속히 나빠지고 얼마 지나지 않아 감정마저 무너지자 자신이 어디로 가는 건지 너무나 불안했을 것입니다. 그런데 두 번째 책을 쓸 무렵에는 걱정과 두려움을 내려놓고 지금의 삶에 집중하는 쪽으로 생각을 바꿉니다. '나는 가장 나다운 나로 돌아오는 여정에 오른 거다' 하고 생각하기로 한 것입니다. 그리고 주위 사람들에게도 '저를 지지해 주세요'라고 말하고 다녔습니다.

저는 어떤 병에 걸렸든 아픈 사람에게는 신체적인 케어만큼 정신적인 케어가 필요하다고 생각합니다. 그리고 마음속 가장 깊은 곳에 있는 가장 그 사람다운 모습, 그 사람의 존재 자체를 지지하는 사고와 행동이야말로 진정한 정신적인 케어라고 생각합니다. 그런 면에서 크리스틴이 말한 것, 치매 당사자가 자기다움을 인식하고 주위 사람들이 그것을 존중하고 이해해 주는 것이야말로 무엇보다 중요하다고 생각합니다. 아마도 치매와 간병 분야에서 일하지 않았더라면 이런 사고의 전환이 왜 중요한지 몰랐을 것입니다. 크리스틴을 만나 얼마나 다행인지 모르겠습니다."

-〈더욱 지적이고 아름답게·R〉 2008년 2월호에서

_____ 치매에 걸려도 안심하고
살 수 있는 사회 만들기

2005년도 저에게는 잊을 수 없는 해입니다. 센터장을 맡고 있던 인지증 케어 시설에 일본 국왕과 왕후 부처(당시 아키히토 국왕과 미치코 왕후를 가리킴. 2019년 장남 나루히토에게 양위했다-역주)가 방문했기 때문입니다.

치매의 증상을 완화시키기 위한 연구 끝에 만들어진 '회상법' 방에는 조리(일본의 전통 짚신-역주)와 재봉틀같이 옛날에 사용되던 물건들이 전시되어 있었습니다. 국왕이 왕세자 시절에 미국 할리우드를 방문했던 일화가 게재된 옛날 잡지도 있었지요. 간담을 나누면서 두 분이 치매에 관심이 높다는 사실을 엿볼 수 있었습니다. 국왕과 왕후는 부지 내에 있는 간병 시설에서 고령자 한 사람 한 사람에게 격려의 말을 건네고 돌아갔습니다. 잊을 수 없는 하루였습니다.

후생노동성이 2003년에 작성한 보고서 〈2015년의 고령자 간병〉에는 자리보전 노인대책뿐만 아니라, 치매를 포함한 정신장애 대책을 모두 마련해야 한다고 그 필요성을 강조했습니다. 오

일본 국왕 부처에게 설명하고 있는 하세가와 가즈오

랜 시간이 걸렸지만, 마침내 2015년에는 '지역포괄 케어 시스
템' 구축을 목표로, 치매 당사자의 의사가 존중되고 가능한 한 그
때까지 살던 익숙한 환경에서 자신답게 지낼 수 있는 사회를 지
향하는 〈치매 시책 추진 종합전략(신오렌지플랜New Orange Plan of
Japan)〉이 책정되었습니다.

　　신오렌지플랜은 ①치매에 대한 이해를 넓히기 위한 인식 교육
추진 ②치매의 용태에 맞춰 적시에 적절한 의료와 간병 제공 ③
초로기 치매 시책 강화 ④치매 간병인에 대한 지원 ⑤치매 당사
자를 포함한 고령자를 배려하는 지역 만들기 추진 ⑥치매 예방

법, 진단법, 치료법, 재활 모델, 간병 모델 등의 연구개발 및 그 성과의 보급 추진 ⑦치매 당사자와 그 가족 본위의 서비스 제공, 이렇게 7가지 전략으로 이루어져 있습니다. 치매 당사자와 그 가족의 시점을 중시하자는 방향성은 이 전략 시책을 추진할 때의 공통된 기본 개념입니다.

2019년에 정부는 치매 시책 추진을 위한 골자를 공표했습니다. '공생'과 '예방'을 두 중심축으로 하여 당사자가 주체가 되는 사회를 구축하고자 했습니다. 그리고 시책을 실효성 있게 추진하기 위해 여당은 치매 기본법의 법안을 2019년 통상 국회에 제출했습니다.

궁극적으로 제가 바라는 것은 치매에 걸려도 안심하고 살 수 있는 사회를 만드는 것입니다. 치매는 당사자뿐만 아니라 그 가족까지 절망에 빠뜨릴 수 있는 병이니만큼 더더욱 공론화되어야 합니다. 이는 일본뿐만이 아니라 고령화가 진행되고 있는 전 세계 공통의 과제일 것입니다.*

＊ 우리나라에서도 2017년 9월 '치매국가책임제'를 발표하고 관련 정책을 시행 중이다. 보건복지부 발표에 따르면, 전국 256개 보건소에 치매안심센터가 설치됐으며 이를 통해 치매 당사자와 가족이 일대일 맞춤형 상담 및 검진, 케어서비스를 받을 수 있다. 또한 중증 치매 환자의 의료비 본인부담률 경감, 치매진단검사 건강보험 적용, 경증 치매 장기요양서비스 확대 등 치매 환자와 가족의 경제적, 정서적, 육체적 부담을 줄여 주기 위한 지원을 강화하고 있다. –편집자 주

_____ 고령사회를 먼저 경험한 일본이 해야 할 일

현재 일본에는 인도네시아와 필리핀에서 온 사람들이 간병 일을 배워 현장에서 많이 활동하고 있습니다. 그런데 이들은 욕창褥瘡이나 우울憂鬱 같은 용어를 어려운 한자로 익혀야 합니다. 사실 이런 한자는 일본인들도 좀처럼 쓰기 어렵습니다. 하물며 외국인은 얼마나 어렵겠습니까. 게다가 이들은 자신의 나라로 돌아가면 어렵게 배운 한자를 쓸 필요가 없어집니다. 제가 미국에서 영어 때문에 고생했던 경험이 있어서 더욱 마음이 쓰이는지도 모르겠습니다.

그래서 이런 생각을 해보았습니다. 일본에서 간병과 간호를 배운 사람들을 해외로 파견해서 그 나라의 문화와 풍토에 맞게 사람들을 가르치게 하면 어떨까 하고 말입니다. 일본에서 하는 방법을 그들 나라의 실정에 맞게 가르쳐 주면 상당히 도움이 될 거라고 생각합니다.

동남아시아는 일본보다 고령화 속도가 빨라서 큰 어려움을 겪고 있습니다. 동남아시아에는 1000개 병상을 보유한 간병 시설도 있다고 들었습니다. 그렇게 큰 시설이라면 격리나 구속이 일어나 옛날의 일본과 같은 상태가 될 수 있습니다. 이는 환자와 가

족 모두에게 불행한 일이므로 일본의 발전된 시책과 기술을 전
수하면 좋지 않을까 싶습니다.

일본에서는 후쿠오카현의 오무타시를 비롯해 많은 자치현에
서 치매 당사자가 안심하고 살 수 있는 지역 만들기를 추진하고
있습니다. 그저 지켜보기만 하는 게 아니라 그 사람과 함께 걸어
갈 수 있는 케어 환경과 시책이 확산되고 있음을 느낍니다.

또한 일본에는 2000년 개호보험이 시작되기 전부터 탁노소託
老所(거동이 불편하거나 장애가 있는 노인을 돌봐 주는 보호 시설)라고
하는, 일반인들이 시작한 뛰어난 케어 시설이 있었습니다. 이곳
은 소수 인원이 이용하므로 마치 가정에서 지내는 것 같은 생활
을 지원받을 수 있습니다.

뿐만 아니라 소수 인원으로 가정적인 케어를 실시하는 서비스
로서 '그룹 요양원' '소규모 다기능형 재택 개호' 등이 생겨나고
있습니다. 한 사람 한 사람의 개성과 생활 리듬에 맞춘 '개인별
케어' 사고관도 확산되고 있지요.

고령화는 어느 국가에서나 진행되고 있으므로 치매는 세계적
인 과제라고 할 수 있습니다. 되풀이해서 강조하지만, 그렇기에
고령화와 장수화가 먼저 진행되고 있는 일본이 도움이 될 수 있

는 일이 많을 것입니다.*

---

* 2013년 런던에서 주요 8개국이 모여 'G8 치매정상회의dementia summit'를 개최했다. WHO(세계보건기구)와 OECD(경제협력개발기구)도 치매라는 과제를 해결하기 위해 힘쓰고 있다. 스웨덴에서는 실비아 왕비의 지원으로 2015년부터 치매 국제회의 〈Dementia Forum X〉가 개최되어 치매에 관한 여러 과제가 논의되고 있다.

6장

치매가 내게
가르쳐 준 것들

6장 。 치매가 내게 가르쳐 준 것들

_____ 치매가 의심될 때 결코 하면 안 되는 한 가지

치매에 걸리자 건망증이 심해져 제가 한 일이 확실히 기억나지 않았습니다. 그렇지만 주위 사람들에게 제 상태를 (너무 빨리) 알리고 싶지는 않았습니다. 그래서 사람들 앞에 나설 때는 아무렇지 않은 것처럼 행동했습니다. 마음속으로 '나는 괜찮아, 아무렇지 않아' 하고 되뇌면서 스스로 정말 그 말을 믿어 버렸습니다. 그러자 나 자신에게도, 다른 사람에게도 나름 괜찮은 행동을 한다는 것을 알게 되었습니다. 거짓말이긴 하지만 남에게 해를 입히는 것도 아니고 스스로에게는 의지를 다지게 해 주니, 그러한 노력을 한다는 건 오히려 좋은 일이라고 생각합니다.

다만 한 가지 바람직하지 않은 일, 결코 해서는 안 되는 일이 있습니다. 바로 자동차 운전입니다. 운전만은 절대로 하지 않아야 합니다. 만에 하나라도 사고를 일으켜 다른 사람을 다치게 한다면 그야말로 큰일이니까요.

저는 사실 자동차를 무척 좋아해서 일찍 차를 사고 여기저기를 많이 운전해 다녔습니다. 미국에서 지낼 때는 운전으로 이동하는 일이 당연한 일상이었고, 일본에 돌아와서도 출퇴근할 때는 오로지 자가운전이었지요. 처음에 타던 차종은 도요타 마크II였고 그 다음은 벤츠였습니다. 평소 사치를 하지 않는 제가 '이것만은' 하는 심정으로 원하는 자동차를 말했더니 아내도 그때만큼은 두말 않고 찬성해 주었습니다. 하지만 여든 살 무렵에 차체를 긁힌 일이 생기고 나서는 '이대로는 안 되겠구나!' 하고 당장 운전을 그만두었습니다. 미련이 남아서 소형 자동차라면 괜찮지 않을까 하는 유혹도 잠깐 들었지만, 마음을 고쳐먹고 과감히 운전면허증을 반납했습니다. 너무 서둘렀나 하는 아쉬움이 든 적도 있었습니다. 하지만 면허증을 그대로 소지하고 있으면 아무래도 운전하고 싶은 마음이 또 고개를 들 수 있었기 때문에 가장 잘한 일이라고 생각합니다. 지금은 걸어서 갈 수 있는 곳은 걸어가는데 자꾸 넘어지는 일이 많아져서 가급적 택시를 이용하고 있습니다.

일본에서는 고령 운전자가 증가함에 따라 '치매와 자동차 운전'이 사회의 큰 과제로 부상했습니다. 2017년 3월에 시행된 개정 도로교통법에서는 75세 이상인 자가 면허를 갱신할 때는 인지기능 검사를 받아 '치매 우려'가 있다고 판정되면 의무적으로 의사의 진단을 받아야 합니다. 그전까지는 치매 우려가 있다고 판정되어도 위반 사실이나 사고 이력이 없으면 그대로 운전을 계속할 수 있었습니다. 생각만 해도 무서운 일이었지요. 그러나 지금은 검사도 의무화되었고, 의사가 치매라고 진단을 내리면 운전면허는 자동 취소 또는 정지됩니다.

경찰청에 따르면, 2018년 한 해 동안 인지기능 검사를 받은 75세 이상의 고령 운전자 216만 5349명 가운데 2.5%에 해당하는 5만 4786명이 '치매 우려' 판정을 받았다고 합니다. '인지기능 저하 우려'인 경우를 합하면 약 27%가 인지기능의 쇠퇴로 밝혀졌습니다. 또한 2018년에 사망사고를 일으킨 75세 이상의 고령 운전자는 460명이었는데, 사고 전에 인지기능 검사를 받은 414명 가운데 '치매 우려'가 있다고 판정받은 사람은 20명(4.8%), '인지기능 저하 우려'가 있다고 판정받은 사람은 184명(44.4%)이었습니다.

저처럼 고령 운전자에 의한 사고가 자주 발생한다는 사실을 인식해 스스로 운전면허증을 반납하는 사람도 증가하고 있습니다. 다만, 버스나 전철 등의 공공 교통기관이 적은 지역에서는 운전을 하지 않고는 장 볼 때나 통원 치료를 다닐 때 등 일상생활에 지장이 생길 수 있습니다. 따라서 자동차를 운전하지 않고도 생활하기에 불편하지 않은 지역 시스템을 만드는 것이 시급합니다.

한편에서는 치매라는 이유만으로 운전을 일률적으로 제한하는 것은 불합리하다는 의견도 있습니다. 능력에 따라 운전할 수 있는 차량과 지역, 도로 등을 한정하는 '한정조건부 운전면허'를 도입하자는 의견도 있지요. 이러한 의견들을 반영해 정부는 자동 브레이크나 잘못 밟았을 때를 대비한 가속 억제 장치가 부착된 안전운전 지원 차량만을 운전할 수 있게 허용하는 '한정면허' 도입도 검토하고 있습니다.

_____ 아이들에게도 숨기지 마세요

치매 당사자와 가족들을 만나 상담을 하다 보면 아이들은 할아버지나 할머니가 걸린 병이 어떤 것인지 모르는 경우가 많습니다. 병의 존재조차 숨기는 보호자들도 종종 있습니다. 나쁜 일로부터 아이를 지켜 주고 싶은 마음 때문이겠지요. 하지만 어릴 때부터 치매에 대해 올바른 지식을 알려 주고 이해할 수 있는 기반을 마련해 주는 일은 중요합니다.

저는 예전부터 치매에 관한 그림책을 만들고 싶었습니다. 치매란 무서운 것이 아니며, 설령 할머니나 할아버지가 치매에 걸리더라도 자신의 할머니와 할아버지라는 사실 자체가 달라지는 건 아니라는 것을 아이들에게 확실히 가르쳐 주고 싶어서입니다. 예전에 미국에서 한 그림책을 보고 내용이 너무 좋아서 언젠가 저도 아이들을 위한 책을 펴내고 싶다는 생각이 들었습니다. 그때 제가 보았던 그림책은《할아버지가 나를 못 알아봐요Grandpa doesn't know it's me》라는 오래된 책이었는데, 일본에서는《잊지 않을게요, 할아버지》라는 제목으로 1990년에 출간되었습니다.

이 책은 치매에 걸린 할아버지와 손녀의 이야기입니다. 당시 저는 성 마리안나 의대 교수로 재직 중이었는데 이 번역서가 출간될 때 '가족과의 따뜻한 교류야말로 치매 노인에게 반드시 필요한 영양분입니다'라는 취지의 서문을 쓰기도 했습니다.

오랫동안 생각해 온 저의 그림책은 치매에 걸린 할머니와 손자의 이야기로 엮여 있습니다. 가까이 살면서 언제나 방글방글

웃으며 맞아주고 마당 텃밭에서 키운 채소와 과일을 아낌없이 내주시는 사랑하는 할머니. 그 할머니가 함께 책가방을 사러 가기로 한 약속을 잊어버리기도 하고 길을 잃어 헤매는 등 '많은 것을 잊어버리는 병'에 걸렸다는 줄거리입니다.

———— 괜찮아요, 우리 할머니

이 그림책에는 우리 집의 체험도 들어 있습니다.

옛날에 우리 가족이 살던 집 근처에 아내의 부모님이 살고 있었습니다. 어느 날 밤 아내와 저 그리고 둘째 딸이 식사를 하러 갔는데 알츠하이머형 치매에 걸린 장인어른이 이렇게 말씀하시더군요.

"여러분은 누구시지요? 누군지 알 수가 없어서 곤혹스럽습니다."

너무 불안해하는 그 모습에 '이렇게까지 증상이 심해진 건가?' 하고 아내와 저는 충격을 받아 아무 말도 하지 못했습니다. 치매에 대해 연구하던 저였지만, 당장 가족의 그런 모습을 보니 순간 머리가 하얘졌습니다. 어떻게 할까, 뭐라고 대답해야 하나, 당황해서 답을 찾지 못하고 있을 때 뜻밖에도 딸아이가 외할아버지에게 이렇게 말했습니다.

"할아버지, 우리를 못 알아보시는 것 같은데 우리가 할아버지를 잘 알고 있으니까 괜찮아요. 걱정 안 하셔도 돼요."

장인어른은 손녀딸의 말을 듣고 무척 안심하시는 듯했습니다.

이럴 때 "왜 못 알아보세요?", "대체 왜 그러시는 거예요? 정신 차리세요" 같은 말을 하면 안 됩니다. 그러면 상대는 오히려 더 혼란스러워지고 불안한 마음만 커질 뿐입니다.

게다가 치매에 걸리면 주변 사람들은 돌연 지금까지와는 다른 사람을 대하듯이 나무라거나 아이 취급을 하기 쉽습니다. 하지만 당사자는 자신이 별로 달라지지 않았다고 생각합니다. 그들의 입장에서 자신이 살고 있는 세계는 예나 지금이나 연속되어 있습니다. 실수를 저지르거나 잘못하는 일은 늘어나겠지만, 치매가 아닌 사람들도 실수는 늘 하지 않습니까. 그러니 치매에 걸린 사람을 무조건 이상행동을 하는 사람으로 생각하고 나무라지 않았으면 좋겠습니다. 많은 사람들이 치매 당사자를 무시하고 얕보기도 하는 등 마치 인격이 없어진 양 취급하는 경우가 많은데 이는 굉장히 상처가 되고 부당한 일입니다.

제가 쓴 그림책 《괜찮아요, 우리 할머니だいじょうぶだよ—ぼくのおば

그림책 《괜찮아요, 우리 할머니》

_{あちゃん}》는 2018년 10월에 무사히 완성, 출간되었습니다. 그림은 하리에(색지를 잘게 찢어 붙여 표현한 그림-역주) 작가인 이케다 겐에이 씨가 맡아 그려 주었습니다. 일본 전통 색지를 잘게 찢어 붙이는 기법을 사용해 만들어졌는데 색상이 무척 아름답습니다. 그림책에 나오는 애벌레와 사마귀는 지금도 살아 움직일 듯 생생하게 표현되어 있습니다. 이 그림책은 초등학교 저학년생은 물론 초등학교 입학 전인 아이들에게도 읽어 줄 수 있습니다.

"치매 할아버지 할머니들은 무서운 사람이 아니야. 우리 모두

와 같은 세상에 살고 있고 앞으로도 즐겁게 함께 살아가고 싶어 하신단다."

이 말을 아이들이 마음으로 느낄 수 있으면 좋겠습니다. 아이들뿐만 아니라 어른들도 읽고 치매에 대한 이해심을 넓힐 수 있기를 바랍니다.

_____ 백 가지 보험보다 든든한 '지역 케어'

요즘 지역 케어라는 말이 여기저기서 많이 들려옵니다. 이는 매우 중요한 일이라고 생각합니다. 아이들 수가 점점 줄어들고 고령자가 늘어나면서 가족이나 지역의 유대 관계가 옅어졌다고는 하지만, 지역 케어 시스템이 있느냐 없느냐에 따라 우리가 느끼는 안정감은 크게 달라집니다. 지역 케어는 반드시 시스템으로 확립되어야 가능한 것은 아닙니다.

저는 치매 당사자가 되고 나서 지역 케어의 중요성을 새삼 느꼈습니다. 집 근처에 있는 간선도로를 건너다가 한가운데에서 넘어져 쓰러진 적이 있습니다. 그때 남성 두 명이 차를 세우고 저를 안전한 장소까지 데려다주었습니다. 그 뒤에 한 여성이 다가와서는 "선생님을 뵌 적이 있어요. 저는 댁 근처에 살고 있거든요" 하며 집까지 바래다주었습니다.

그때 저는 별로 아프지는 않았는데, 땅바닥에 얼굴을 부딪히는 바람에 온통 피투성이가 되어 꽤 심한 상태였던 모양입니다. 그 여성은 집까지 저를 바래다주고는 제 아내에게 상황을 설명해 주었고 그제야 저는 겨우 안정을 되찾을 수 있었습니다.

이것이야말로 진정한 지역 케어가 아닐까요. 지역 전체가 잘 살펴봐 주고 도움이 필요할 때는 손을 내밀어 주는 것. 서로를 소중히 여기고 따뜻한 마음으로 인연을 쌓으면서 안정감을 나누는 것이 바로 지역 케어라는 것을 다시 한번 말하고 싶습니다.

_____ 수요회, 병원 밖 진료를 시작하다

지금까지 치매 문제를 둘러싸고 사회가 고민해야 할 일을 이야기했는데, 이제 의료계에서 할 수 있는 일은 무엇인지에 관해서도 말하려고 합니다.

앞에서도 언급했지만, 저는 1973년 성 마리안나 의대에 교수로 부임하여 이듬해 하세가와 치매척도를 공표했습니다. 그 영향인지 대학병원의 외래에는 수많은 치매 환자가 각지에서 찾아오게 되었습니다. 치매 당사자의 곁에서 함께하는 가족들의 고민은 절실했습니다. "집에 있으면서도 자꾸만 돌아가겠다고 고집을 부리지 뭐예요.", "같은 말을 하고 또 하고, 이젠 너무 지칩니다. 어떡하면 좋을까요?"

이러한 고민들을 외래 진료 시간에 충분히 들어주고 상세하게 대답하기는 어렵습니다. 그래서 외래 진료의 연장 개념으로 독자적으로 데이케어 서비스를 시작해야겠다고 마음먹었습니다.

애초에 치료법이 없는 상황에서 치매 당사자와 가족에게 의사와 의료 기관은 아무 도움도 되어 주지 못합니다. 무력할 따름이지요. 하지만 의사로서 뭐라도 하고 싶다는 염원이 항상 마음속에 있었습니다. 진단해서 병명을 선고하고 그것으로 끝낼 게 아니라, 그때부터 할 수 있는 일을 의료 종사자로서 해 나가고 싶었습니다.

데이케어를 외래의 연장으로서 시작하면 어떨까 하는 구상을 간호사들에게 의논하자, 당장에 "선생님, 함께 해보아요" 하고 뜻을 같이해 주었습니다. 1983년부터 시작하기로 했지만 참고할 만한 자료가 아무것도 없어서 그야말로 하나부터 열까지 일일이 자료를 찾고 준비했습니다.

드디어 매주 수요일 낮에 치매 당사자 7~8명과 그 가족들을 만나는 모임을 만들고 몇 개월이 지나면 새로운 그룹으로 교체하는 방식으로, '수요회'라고 이름 붙인 그룹 활동을 시작했습니다. 목적 가운데 한 가지는 치매 당사자의 마음속에 있는 감정을 자극해 활발히 하는 일이었습니다. 설령 시간과 장소를 알지 못한다 해도 감정은 남아 있기 마련이므로 여러 가지 자극을 받는 것은 치료에 중요한 부분입니다. 또 한 가지는 가족에 대한 지원입니다. 간병과 돌봄은 몹시 힘든 일이기 때문에 저희 직원이 상담을 통해 조금이라도 마음의 부담을 덜어 주고 증상에 관한 의학적인 설명과 더불어 돌봄에 대해 조언을 해 주었습니다.

치매 당사자들의 혈압과 몸 상태를 확인하고, 점심을 먹고 나면 노래와 체조, 볼링 등의 활동을 합니다. 볼링은 규칙이 간단하고 결과도 알기 쉬워서 아주 인기 있는 종목입니다.

또한 최근에 있었던 일은 잊어버려도 옛날 일은 오히려 또렷이 기억하는 분이 많으므로 옛날 사진이나 어릴 적 갖고 놀던 물건들을 준비해서 모두 모여 추억을 이야기하는 시간도 마련했습니다. 한마디로 말하면 회상법이지요. 그리고 하루 일정을 마칠 때는 그날 하루를 돌아보는 시간을 마련했습니다. 대부분 아침부터 무엇을 했는지 잊어버렸지만, 기억이 날 때는 모두 환하게 웃었습니다.

후생노동성은 1986년 '치매성 노인 대책 추진본부'를 설치하고, 1988년에는 노인성 치매 질환 치료병동과 노인성 치매 질환 데이케어 시설을 창설했습니다. 1987년에 작성된 정부 관할 치매성 노인 대책 추진본부의 보고서에는 다음과 같은 내용이 기술되어 있습니다. 당시 시대상을 엿볼 수 있는 내용이라 증언으로서 그대로 옮겼습니다.

"치매를 발생 원인에 따라 분류하면 뇌경색과 뇌출혈 등 뇌졸중에 의한 혈관성 치매와 원인불명의 뇌 변성질환으로 인한 알츠하이머형 치매가 대표적이며, 일본에서는 전자가 후자보다 많아 미국이나 유럽과는 대조적인 양상을 띤다. 또한 알츠하이머형 치매는 초로기에 자주 발생하는 알츠하이머병과 노년기에 자주 발생하는 알츠하이머형 노년치매로 나눌 수 있다. (중략) 집에서 치매 당사자를 돌보는 사람은 치매성 노인의 아내나 며느리 또는 딸인 사례가 많았다. 그리고 간병자가 고령이거나 병약한 경우, 핵가족화 추세나 거주환경으로 인해 가정 내에서 간병 문제를 해결하기가 매우 힘들다. 뿐만 아니라 여성의 사회 진출 증

6장 치매가 내게 가르쳐 준 것들

가로 인해 재택 간병과 근무를 병행해 조정하기 어렵다는 문제가 한층 부각되고 있다."

_____ 낯설게 보기, 매직미러 효과

수요회가 열리는 방에는 요술거울이 있었습니다. 이쪽에서는 저쪽이 보이지만 저쪽에서 보면 거울로 되어 있어 이쪽이 보이지 않는 매직미러였지요.

치매 당사자와 그 가족은 항상 함께 다니며 떨어져 본 적이 없기 때문에 먼저 가족들에게 요술거울의 바깥쪽으로 가게 했습니다. 가족들이 멀찍이 떨어져서 치매 당사자의 모습을 지켜보는 것이지요. 그랬더니 함께 보고 있던 다른 가족들끼리 서로서로 "댁의 어르신은 정정한 편이시네요", "어머나, 저렇게 웃고 계시네요" 하고 대화를 나누기 시작했습니다. 그때까지는 자신의 할아버지, 할머니밖에 보지 않았기 때문에 무조건 심각하게만 보였던 증상이 다른 치매 당사자들과 비교해 보면서 '모두 겪는 공통의 증상이구나, 생각보다 상태가 나쁘지 않은 거구나' 하는 식으로 전환되었습니다. 객관적인 시점으로 바라볼 수 있는 여유가 생긴 것입니다. 그전에는 미처 알지 못했던 여러 가지 모습을 발견하고 다양한 깨달음을 얻을 수 있었던 것은 전혀 생각지 못했던 요술거울의 효과였습니다.

한번은 이런 일도 있었습니다. 예전에 수요회에 참가했던 사람들이 저를 찾아와서는, 그동안 몇몇 가족이 함께 하코네로 온천여행을 다녀왔다고 합니다. 저는 여행은 즐거웠는지, 별다른 문제는 없었는지 궁금해서 자세히 물어보았습니다. 그들은 지금까지는 숙소 건물 내부에 있는 욕탕밖에 들어가지 못했는데, 여러 가족이 함께 여행 간 덕분에 치매 당사자들을 교대로 돌볼 수 있어서 대온천 욕장은 물론이고 밤하늘의 별을 바라보며 노천온천까지도 다녀올 수 있었다면서, 정말 생각지도 못한 좋은 시간을 보냈노라고 환히 웃었습니다.

수요회는 대략 13년 동안 운영하다 그 막을 내렸습니다. 그즈음에는 행정 조치도 제법 시행되어 저로서는 어느 정도 제 역할을 끝냈다고 생각했기 때문입니다. 악전고투하면서도 데이케어를 시작했던 덕분에 치매 당사자와 가족들의 고민과 괴로움, 슬픔 그리고 희망을 함께 나눌 수 있었습니다. 진찰실 안에서만 일할 때는 전혀 알 수 없었던 깨달음이었고 그때로부터 정말로 많은 것을 배웠습니다.

_____ 내가 치매 치료에 평생을 바친 이유

치매 분야에서 일하면서 여러 번 의료의 무력함을 통감했지만, 그래도 무언가 하고 싶다, 의사로서 전력을 다하고 싶다고 생각하게 만든 잊을 수 없는 사람이 있습니다. 외래환자로 찾아온 그리스도교 목사로 크고 또렷한 눈이 인상적인 분이었습니다. 아직 50대 초반으로 초로기 알츠하이머형 치매가 의심되었고 심한 두통을 호소했습니다. 부인의 말로는 예배 시간에 오르간과 피아노 연주도 하고 찬송가를 지휘하는 등 교회음악에 조예가 깊었다고 합니다. 그런데 찬송가를 연주하다가 어느 부분을 치고 있는지 잊기도 하고 자동차를 운전할 때도 불안한 경우가 늘어났다고 했습니다.

저는 주치의로서 그를 마주했지만 당시는 치매에 관한 약도 없었던 때라 진료를 하는 내내 의사로서 부끄럽고 깊은 무력감이 덮쳐왔습니다. 결국 그분은 교회를 그만두고 고향으로 돌아갔고, 그때 제가 할 수 있는 일이라고는 그 지역의 전문의에게 소견서를 써 주는 정도밖에 없었습니다.

그로부터 2년쯤 지났을 무렵 부인과 우연히 만나게 되었습니다. 남편은 이미 세상을 떠났으며 나중에는 치매가 상당히 진행되어 가족들이 무척 고생했다는 말을 전해 들었지요. 부인은 남편이 세상을 떠난 후 책장에서 오선지를 발견했다면서 그 위에 생전에 남편이 적은 메모를 제게 보여 주었습니다.

"내게는 멜로디가 없다. 화음이 없다."
"그 아름다운 마음의 울림은 이제 영원히 느낄 수 없는 것인가."
"여러 멜로디가 뒤섞여 미칠 것만 같다."

그의 메모에는 비통한 울부짖음과 고통스러운 마음의 신음이 고스란히 담겨 있었습니다. 그 기록을 읽고 저는 말을 잃었습니다. 치매 당사자의 마음을 내가 정말 이해했던 걸까 하는 생각에 사로잡혔기 때문입니다. 한편으로는 오선지에 쓰인 글자를 보면서 무슨 일이 있어도 치매 연구와 진료를 계속해 나가겠다고 새삼 결의를 굳혔습니다.

치매는 낫지 않습니다. 그래서 의사들 가운데서도 치매를 전공으로 선택하면 상당히 별난 사람으로 취급받습니다.

의사란 환자를 낫게 해야만 의미와 가치가 빛나는 세계입니다. 대부분의 의사는 노년의학과 치매 의료를 외면했습니다. 하지만 저는 치매 의료와 치매 당사자에 관련된 일을 하면서, 슬픔과 괴로움에 힘들어하는 사람들에게 힘이 되어 주고 싶었습니다. 이 목사와 같은 분들의 마음속 외침으로부터 절대로 도망쳐서는 안 된다고 생각했습니다. 오선지의 메모를 보고 다시금 치매 진료와 케어 시스템 정착에 정진해 나갈 힘을 얻었던 것입니다.

_____ 알츠하이머병 치료제가 나오다

1989년은 국제노년정신의학회 회의를 처음으로 일본에서 개최하느라 바쁘게 보낸 해이기도 하지만 치매 치료제의 임상시험이 시작된 해이기도 합니다. 알츠하이머형 치매 치료제로 알려진 '아리셉트Aricept'의 임상시험이 시작되었고 저도 치료 시험 총괄 의사로서 참여하게 되었습니다.

치료제의 임상시험에서는 약리 효과가 있는 실약과 약리 효과가 없는 위약을 사용해 관찰과 평가를 거듭했습니다. 기대한 만큼 성과가 나오지 않아 낙담한 적도 있었지만 마침내 유효한 데이터를 얻을 수 있었지요.

물론 이 약으로 치매를 완전히 낫게 하지는 못합니다. 증상의 진행을 억제할 뿐입니다. 하지만 저는 치료제가 등장했다는 의미가 굉장히 크다고 생각했습니다. 치매 분야에 관여하게 된 1960년대 후반부터 이 치료제가 등장할 때까지 알츠하이머형 치매에 효과적인 약이 없었던 탓에 의사로서 극심한 무력감을 맛보았기 때문입니다.

옛날에는 뇌경색이나 뇌출혈로 인한 치매가 많았습니다. 물론 이 치매도 고생스럽기는 매한가지지만, 그래도 뇌졸중 발생 가능성을 줄여 주는 예방법도 생각할 수 있었고 두뇌의 대사를 활발하게 하는 약이 간접적으로 효과를 내는 사례도 있었습니다. 하지만 알츠하이머형 치매는 속수무책이었습니다. 진단만 내릴 뿐 더 이상 할 수 있는 일이 없었으니까요. 치매 당사자와 가족이 고통받고 있는데도 말입니다. 의사로서 그처럼 안타까운 일은 또 없습니다.

그러던 중에 불완전하나마 일정한 유효성을 지닌 약이 나온 것입니다. "증상을 억제할 수 있으니 복용해 봅시다", "함께 생각할 테니 뭐든지 의논해 주세요." 이렇게나마 환자들에게 말할 수 있게 되었지요.

의사는 진단만 내리면 되는 게 아닙니다. 가능하면 치료 수단

6장 치매가 내게 가르쳐 준 것들

을 마련해서 "함께 해봅시다" 하고 환자에게 말할 수 있어야 진정한 진료라고 할 수 있으며, 그것이 의사로서의 본분을 다하는 일이라고 믿고 있습니다.

'아리셉트(일반명은 도네페질염산염Donepezil hydrochloride)'는 당시 의약품 메이커 에자이Eisai 쓰쿠바연구소의 약학자 스기모토 하치로 연구팀이 개발했습니다. 1999년 후생노동성의 승인을 얻어 발매되었고, 알츠하이머형 치매 치료제로 전 세계에서 많이 사용되는 치료제로 성장했습니다. 2014년에는 환시를 대표적인 특징으로 보이는 루이소체형 치매의 증상 억제제로서도 승인을 받았습니다. 현재 일본에서 사용 가능한 치매 치료제, 즉 보험에 수재되어 있는 약은 총 네 가지가 있는데, 도네페질염산염(상품명 아리셉트), 갈란타민Galantamine(상품명 레미닐Reminyl), 리바스티그민Rivastigmin(상품명 엑셀론패치Exelon Patch와 리바스터치패치Rivastach patch), 메만틴염산염Memantine(상품명 메마리Memary)이 바로 그것입니다.

뇌내에는 아세틸콜린acetylcholine이라는 각성 작용과 활성화 작용을 하는 중요한 신경전달물질이 있습니다. 이 아세틸콜린을 만드는 세포가 알츠하이머형 치매의 뇌내에서는 감소합니다. 아세틸콜린 분해를 억제함으로써 아세틸콜린 감소를 막는 약제가 바로 도네페질염산염입니다. 도네페질염산염이 나온 뒤에 같은 기능을 가진 갈란타민이나 리바스티그민이 개발되었습니다. 이들 세 가지 치료제의 부작용으로는 위장 장애를 들 수 있습니다.

리바스티그민은 패치형 치료제이므로 부착한 부위의 피부 관리에도 주의해야 합니다. 또한 뇌내에는 신경세포를 흥분시키는 글루타민산glutamic acid이라는 신경전달물질이 있는데 신경세포가 계속 흥분하면 신경세포가 죽기도 합니다. 글루타민산의 작용을 억제하고 신경세포가 흥분사하는 것을 막아 진행을 늦추는 약제가 바로 메만틴염산염입니다. 주된 부작용으로는 현기증을 들 수 있습니다.

_____ 진행을 늦출 수만 있다면

치매 치료제로서 증상을 완화하고 억제하는 약은 생겼습니다만 치매 증상이 나타나기 이전의 상태로 되돌릴 수 있는 치료제는 아직 없습니다. 원래 치매를 일으키는 원인으로 알려진 물질을 아예 생겨나지 않게 하면 좋겠지만, 이는 꽤 어려워 보입니다. 또한 그 기능에만 초점을 맞추면 예상하지 못했던 무서운 부작용이 발생할 우려도 있습니다. 저는 뇌의 신경세포가 지칠 대로 지칠 때까지 약을 쓰며 파손되는 것을 늦추기보다는 있는 그대로를 받아들이는 편이 더 좋지 않을까 생각합니다. 물론 부작용까지 차단한 약이 만들어지면 바람직할 것이고 근본 치료제가 개발되면 그보다 더 좋은 일은 없겠지요. 하지만 노화에 수반되는 치매는 있는 그대로를 받아들이고 자신답게 살아가는 자세가 중요하다고 생각합니다.

혈관성 치매를 제외하고, 알츠하이머형 치매를 비롯한 치매의 대부분은 '아밀로이드 베타amyloid-β'나 '타우Tau'라고 불리는 특정 단백질이 뇌내에 비정상적으로 축적되어 신경세포가 사멸함으로써 병의 증상이 나타난다고 알려져 있습니다. 따라서 이 특정 단백질이 뇌에 축적되지 않도록 하는 약제가 개발되었는데 그중에는 가능성이 보이는 약도 있긴 했지만 효과가 확실히 증명되지 않아 현재는 개발이 잇달아 중지되고 있습니다.

알츠하이머형 치매 증상이 나타난 시점에서는 이미 단백질의 축적으로 인해 뇌의 손상이 진행된 상태이므로, 수많은 신경세포가 사멸한 후에 원인 물질을 제어하려 해도 소용없다는 견해가 지배적입니다. 따라서 증상이 나타나기 전에 약을 투여해 효과가 있는지 없는지가 관건이 되고 있습니다.

또한 근본 치료제를 개발하기 어려운 원인으로는 위와 같은 발증 원인에 관한 가설이 정말로 옳은가 하는 의문은 물론, 약의 효과를 평가하는 데 시간이 걸린다는 점 그리고 임상시험을 하려면 피험자가 많이 필요하다는 점이 지적되고 있습니다.

_____ 의사는 질병이 아닌 사람을 보아야 합니다

의료에 종사하면서 제가 가장 큰 영향을 받은 톰 킷우드의 말이 생각납니다. 톰 킷우드는 치매가 뇌에 생기는 두려운 병이라고 규정한 질환 중심의 견해를 '올드 컬처'라고 불렀습니다. 그리고 치매 당사자의 인격을 우선으로 여기고 일상생활을 유지할 수 있게 도움을 주면서 질 높은 케어를 바탕으로 치매를 새롭게 인식하는 견해를 '뉴 컬처'라고 불렀습니다. 또한 그는 의학 모델에 근거하는 기존의 사고관을 바꿔야 한다고 주장했습니다. 그가 쓴 책《치매의 재인식》의 부제에도 '사람이 먼저다The person comes first'라는 그의 뜻이 적혀 있습니다.

톰 킷우드는 연구에서 치매 당사자를 세심히 관찰해 좋은 상태로 이끌어 주는 질 높은 케어의 중요성을 강조했습니다. 그는 환자의 상태를 오히려 나빠지게 하고 당사자의 존엄성을 해치는 행위로 아이처럼 취급하거나 속이는 일, 또는 할 줄 아는 일인데도 맡기지 않고 무시하거나 다급하게 재촉하는 일들을 대표적으로 꼽았습니다.

우리는 질병이나 장애에 주목하는 경향이 있지만 어디까지나 사람이 우선되어야 합니다. 물론 적절한 진단과 치료가 중요한 것은 두말할 필요도 없지요. 하지만 너무 질환 중심으로만 환자를 대하다 보면 '사람을 진찰한다'는 근본에서 멀어지고 맙니다. '올드 컬처'의 폐해를 막고 치매 의료에 '환자 중심'의 시점을 확고하게 뿌리내리려면 어떻게 해야 좋을까. 의사로서의 제 인생은 그러한 고민에 해답을 찾아나간 시행착오의 연속이었습니다.

의료에 종사하는 모든 사람은 '사람이 우선이다'라는 생각을 마음에 되새겨 겸허한 자세로 진료에 임해야 할 것입니다.

_____ 기꺼이 무서운 교수가 되다

돌이켜 생각하면, 지케이 의대에서 성 마리안나 의대

로 부임하던 무렵의 저는 필사적이었습니다. 성 마리안나 의과 대학을 게이오 의대나 지케이 의대와 같은 수준의 대학으로 만들기 위해서는 엄청난 노력이 필요하다는 생각에 사로잡혀 있었기 때문입니다. 당시 저의 하루 일과만 봐도 어떤 심정으로 일했는지 알 수 있습니다.

아침 7시쯤 집을 나와서 도요타 마크II를 타고 8시 10분 전에는 대학에 도착합니다. 도착하면 바로 병동으로 향합니다. 야간 근무를 마친 간호사들이 환자 한 사람 한 사람에 관한 용태와 중요한 상황을 교대할 간호사에게 전달해 주는 것을 함께 듣기 위해서였습니다. 저는 아침에 흥분했었다든가 어떤 환자가 지금 보호실에 있다든가 하는 인계 사항을 먼저 듣고서 다른 어떤 의사보다 빠르게 병동 상황을 파악하곤 했습니다.

어느 날 강의를 하고 있는데 한 학생이 주뼛거리며 강의실로 들어왔습니다. 수업 시작 시각이 이미 지나 있었기에 저는 그 학생을 크게 꾸짖었습니다. 그랬더니 저의 무서운 서슬에 놀랐는지 그 자리에서 도망쳐 버리더군요. 포기할 제가 아니었습니다. 저는 그 학생의 뒤를 쫓아가 다시 데려오고야 말았습니다.

그런 식으로 학생들에게 매우 엄격했기 때문에 제가 복도를 지나갈 때면 "하세가와가 나타났다!" 하고 학생들은 서로 눈짓으로 알려 주는 분위기였습니다. 그렇다고 해서 늘 호통을 치거나 꾸짖기만 하는 건 아니었습니다. 잘한 점이 있으면 진심으로 칭찬했습니다. 그런 의미에서 성 마리안나 의대는 틀림없는 저의 전쟁터였습니다. 그곳에서 저도 단련되고 실력을 쌓아 갔던 것입니다. 그래서 지금까지도 성 마리안나 의대에 가면 그때의 일이 아련히 떠오릅니다. 대학교 건물 안에 앉아서 시간 가는 줄 모르고 멍하니 있을 정도입니다.

아래는 이 책을 엮는 데 도움을 준 요미우리신문사 기자 이노쿠마 리쓰코가 데이케어를 시작하던 당시에 성 마리안나 의대의 정신과 병동에서 수간호사로 근무하던 고토 시즈를 인터뷰한 내용입니다. 그의 인터뷰 원고를 읽으니 그때가 눈앞에 선연하게 펼쳐집니다. 당시 동료들에게 언제나 큰 도움을 받았습니다. 참으로 고마운 인연입니다. 고토 씨는 여전히 치매 케어 어드바이저로서 치매 간병 지도와 자원봉사 활동을 하고 있습니다.

"하세가와 선생님은 당신이 말씀하시듯이 의사들 앞에서는 엄하고 무서운 존재였지만 저희 간호사나 환자들에게는 정말로 다정다감한 분이었어요. 언제나 저희의 의견을 존중해 주셨지요. 한번은 이런 일이 있었습니다. 치매로 입원한 노인 환자였는데 '40일이나 밥을 주지 않아 굶고 있다', '날 죽이려고 한다' 하고 소동을 피우는 거예요. 밥을 주지 않았다는 말을 들은 저희는 아주 난처해서 식사시간이 끝날 때마다 달력에 '식사를 했습니다' 하고 그 환자와 함께 적어 놓았지요. 하지만 금세 또 '그건 너희들이 적은 거 아니냐'면서 저희의 말을 믿어 주지 않았습니다. 그런데 하세가와 선생님이 오셔서 '여기에 식사하셨다고 적혀 있네요' 하고 말해 주면 그 환자는 훌륭한 선생님이 말씀하시는 거니까 틀림없다면서 믿고 안심했습니다. 간호사들은 억울해하면서도 하세가와 선생님이 환자들에게 무한한 신뢰를 받고 있다는 사실에 감탄했습니다. 이런 일도 있었습니다. 외래에서 도무지 약을 먹으려 들지 않는 환자가 있었어요. 가족들이 어쩔 줄을 몰라 하자 하세가와 선생님이 '식사를 하고 나면 꼭 약을 드세요. 하세가와입니다' 하고 테이프에 녹음해서 가족에게 전달했습니다. 나중에 가족들이 하는 말이 식사를 마친 후 환자에게 그 테이프를 들려주면 고분고분 약을 먹었다고 해요. 하세가와 선생님은 환자는 물론이고 가족에게도 매우 자상하고 정성껏 대했기 때문에 모두에게 두터운 신뢰를 얻었습니다."

6장 치매가 내게 가르쳐 준 것들

7장

불편하지만
불행하지는 않습니다

7장 ॰ 불편하지만 불행하지는 않습니다

_____ 92세, 아직 잘 살아가고 있습니다

　저는 아침에 일어나면 일력을 보면서 날짜와 요일을
확인하는 것으로 하루를 시작합니다. 원래 치매에 걸리고서 일
력이 필요하겠다 싶어 구입했는데, 최근 반년 동안은 한 장씩 떼
어 내는 일 자체를 잊어버리는 날이 많아졌습니다. 얼마 전에도
아내가 알려 주어 쳐다보니 며칠씩이나 밀려 있더군요. 여하튼
일력을 확인한 다음에는 아침식사를 합니다. 크루아상을 좋아해
서 자주 먹습니다. 그리고 아침식사는 아니지만 오믈렛도 좋아
합니다. 아침식사를 하고 나면 쉬면서 강도가 낮은 운동을 합니
다. 일주일에 한 번 데이 서비스에 가는 일 외에는 재활 담당자가

집으로 오기도 하고 제가 마사지를 받으러 가기도 합니다. 때때로 이발소에도 갑니다. 대체로 오전 중에는 컨디션이 제법 괜찮은 편입니다.

오후가 되면 피로해져서 머리가 멍해질 때가 많습니다. 장을 볼 때 돈을 이미 지불하고도 잊어버린다든지 의도하지 않은 말을 하고서는 나중에 '아차!' 하는 일도 있습니다. 노화와 치매가 모두 있으니 솔직히 한심하기도 하고 답답할 때가 한두 번이 아닙니다.

그래도 즐거운 일과도 있습니다. 집에서 10분 정도 거리에 찻집이 있는데 내부 인테리어가 세련되고 진한 커피가 맛있어서 성 마리안나 의대를 퇴직하고 나서 자주 다니고 있습니다. 많을 때는 하루에 두 번 갈 때도 있지요. 넘어지는 일이 잦아져서 최근에는 좀처럼 가기 힘들지만 그 찻집에서 커피를 마실 때가 제게는 가장 좋은 시간입니다. 이발소는 예전에 성 마리안나 의대 근처에 개업했던 사람이 집 가까이로 이사 온 것을 알고부터는 그곳에 자주 다닙니다. 이런저런 이야기를 나눌 수 있고 머리도 깔끔해져서 기분이 좋아지는 즐거운 곳입니다.

영화도 좋아합니다. 젊을 때는 일하느라 영화관에 갈 여유가 전혀 없었기 때문에 이제야 마음껏 즐기고 있습니다. 서양 영화도 보고 일본 영화도 봅니다. 집 근처에 있는 영화관에서 어떤 영화를 상영하고 있는지 딸이 알아보고 함께 가주니 얼마나 좋은지요. 〈조금씩, 천천히 안녕〉(치매에 걸려 점점 기억을 잃어가는 아버지와 이별을 준비하는 가족의 7년을 그린 영화로 우리나라에서는 2020년 5월에 개봉되었다-역주)에서는 치매에 걸린 아버지 역할을 맡은 배우 야마자키 쓰토무의 연기가 인상적이었습니다. 〈기억에 없습니다!〉(시민이 던진 돌에 머리를 맞고 기억을 잃어버린 총리가 주인공인 정치권 코미디로 우리나라에서는 2019년 9월에 개봉되었다-역주)라는 영화를 보면서는 "이거, 내 이야기잖아?" 하고 딸과 함께 웃기도 했습니다. 최근에 본 미국 영화 〈고흐, 영원의 문에서〉도 아주 좋았습니다. 하지만 마지막 10분을 남겨 두고는 더이상 참지 못할 정도로 화장실에 가고 싶어져 딸이 당황하며 휠체어를 밀어 주어야 했습니다. 다행히 서둘러 돌아와 마지막 장면은 볼 수 있었습니다.

음악도 좋아합니다. 가장 좋아하는 음악은 베토벤의 피아노소나타 〈비창〉의 제2악장입니다. 아내가 피아노과 출신이어서 때때로 이 곡을 피아노로 쳐 줍니다. 무척 아름다운 곡이지요. 제가 세상을 떠날 때는 꼭 이 곡을 연주해 달라고 아내에게 부탁해 두었습니다. 그림도 좋아합니다. 음악도 그렇지만 아름다운 것을

일력을 손으로 떼어 내는 하세가와 가즈오

접하면 마음이 자극되고 위안이 되며 행복한 느낌에 감싸입니다. 치매가 진행되어도 기쁨이나 슬픔 등 희로애락의 감정은 끝까지 남아 있다고들 말합니다. 저도 치매에 걸려 실제로 겪어 보니 정말 그렇더군요. 그래서 설령 증상이 더 심해진다 해도 가능한 한 아름다운 것을 보고 듣고 느끼면서 지내고 싶습니다.

_____ 나의 전쟁터, 나의 서재

저는 책도 좋아합니다. 소설가 나쓰메 소세키의 작품은 학창시절부터 좋아해서 여러 권을 소장하고 틈날 때마다 몇 번씩 다시 읽고 있습니다. 그의 인간 묘사는 정말이지 대단합니다.

최근 읽은 책은 《헤이케 모노가타리》(가마쿠라 시대를 배경으로 헤이케 가문의 대두에서 몰락까지를 그린 군담소설-역주)와 목사에 관해 쓰인 책입니다. 목사가 될 생각은 없지만 인간의 죄라든지 많은 것을 생각하게 해 주는 책이었습니다.

책을 읽고 나면 전용 독서노트에 저자와 책 제목을 기록하고 저의 감상을 함께 적어 둡니다. 이 습관도 오랜 세월 동안 계속해 왔는데 일력을 떼는 일처럼 최근 반년간은 줄어들었습니다.

저의 서재는 책과 자료로 가득 차 있어 발 들여놓을 틈이 없는 상태입니다. 만약 지진이라도 일어난다면 근방에서 가장 위험한 구역일 것입니다. 그런 이유로 가족들은 볼 때마다 정리 좀 하라고 성화를 해댑니다. 하지만 뭐라고 하든 이곳은 제가 오랫동안 싸워 온 '전쟁터'이므로 그리 쉽게 바꿀 수는 없습니다. 조용히 생각에 잠긴다거나 무언가 글을 쓸 때는 뒤죽박죽인 이곳이 가장 편하거든요.

이노쿠마 리쓰코 기자도 여기가 가장 마음에 들었던 모양입니다. 이곳에 대한 글을 책에 쓰고 싶다고 할 정도였지요. 리쓰코 기자의 노트를 그대로 옮겨 봅니다.

"독서가인 하세가와 씨의 자택 서재에는 책이 빽빽이 들어차 있다. 정신과에 관련된 전문서적이 단연 많지만 소설, 미스터리 등 다양한 분야의 책도 있다. 오랜 세월 동안 독서노트를 적고 있으며 최근의 독서노트 표지에는 '독서를 최고의 친구로 삼자'라고 쓰여 있다.

승려이자 소설가인 세토우치 자쿠초와 저널리스트 이케가미 아키라가 함께 쓴 《95세까지 사는 것은 행복합니까?95歳まで生きるのは幸せですか?》(2017)를 읽었을 때의 독서 노트에는 이렇게 적혀 있다.

"95세의 파란만장한 인생을 살아온 작가 세토우치 자쿠초에게 저널리스트인 이케가미 아키라가 '노후의 마음가짐'에 관해 묻는다. 풍요로운 인생 경험을 지닌 말의 무게에 감동했다. 초고령사회를 맞이한 일본에서 장수하는 것은 정말로 행복한 일일까? 나도 88세인 미수米壽를 지나, 일 년 전에는 드디어 89세를 넘기고 90세가 되었는데, 걸

좋아하는 서재에서

음이 느려지고 보폭도 좁아져 조심하지 않으면 어느새 넘어지기 일

쑤다. 아직 움직일 수 있으니 나를 필요로 하는 곳이 있으면 언제든지

응하겠지만, 이제는 일어나 걸으려고 하면 현기증이 나거나 다리가

후들거린다. 무언가를 붙잡든지 지팡이를 짚든지 어떻게든 방법을

찾아야만 하는 상태가 되었다. 앞으로 점점 더 그런 일이 늘어나고 정

도도 심해질 것이다. 쇠약해지는 나 자신과 의사의 눈으로 내 상태를

확인하는 또 다른 나 자신과의 싸움! 이 싸움이 계속될 것이다. 반년

인가 10개월쯤 전에는 발밑에 아무 걸릴 게 없었는데도 앞으로 푹 꼬

7장 불편하지만 불행하지는 않습니다

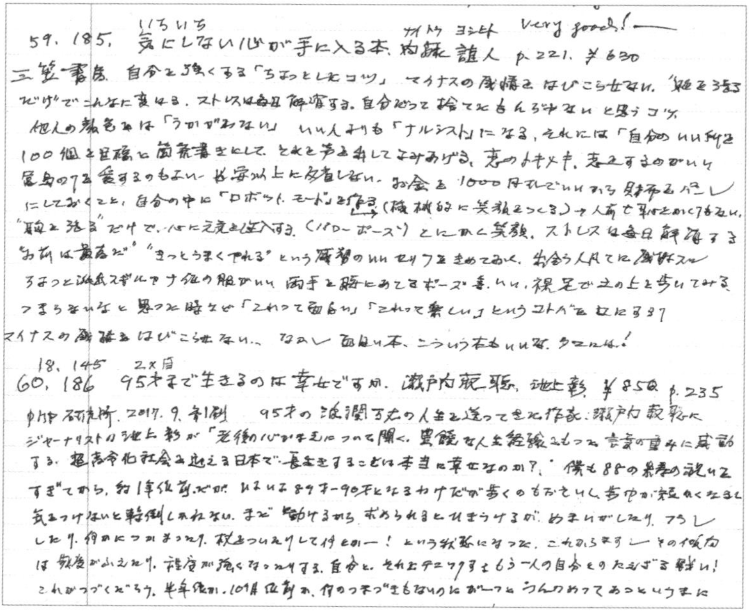
59. 185. いちいち気にしない心が手に入る本 内藤誼人 p.221 ¥630
三笠書房 自分を強くする「ちょっとしたコツ」 マイナスの感情をはびこらせない。
18. 145 2x目
60. 186 95才まで生きるのは幸せですか。 瀬戸内寂聴 池上彰 ¥850 p.235
PHP研究所 2017. 9. 第1刷 95才の波瀾万丈の人生を送ってきた作家・瀬戸内寂聴に

하세가와의 독서노트

꾸라져 순식간에 넘어졌다. 그러고는 일어서려다가 다시 넘어졌다. 이상하다! 뇌가 지령을 내려도 팔다리의 말초신경이 말을 듣지 않는다. 신경 전달 기능이 제대로 작동하지 않는 것이다! 자신과 또 한 사람의 자신이 충돌한다고 할까, 싸운다고 할까. 서로 대항하고 있다. 자신의 사고에 태클을 거는 것이다. 젊을 때도 그런 적이 있었지만 그때는 나를 둘러싼 모든 환경이 큰 문제가 없던 시절이어서 웃고 넘어갈 수 있었다. 지금은 무대 자체가 어두컴컴하다. 95세까지 살아가는 일은 결코 행복하다고는 할 수 없다. 싸움! 고통! 고뇌의 연속이다. 하지만 사람을 구원하는 것은 신앙이다. 예수 그리스도는 아버지 하느님과 함께 우리 한 사람 한 사람을 가엾게 여기고 무한한 자애로 돌봐주신다."

_____ 중증이라도 알아듣습니다

어느 강연회에 초대되어 갔을 때의 일입니다. 누군가 이런 질문을 했습니다.

"치매에 걸리면 아무것도 모를 텐데 그럼 죽음도 두렵지 않게 되나요? 치매가 아닐 때보다 오히려 편한가요?"

제가 치매에 걸렸다고 자각하기 시작했을 무렵의 일이었습니다. 저는 이렇게 대답했습니다.

"솔직히, 저도 모르겠습니다. 하지만 중증 치매가 되어도 자신이 당하는 불쾌한 일이나 자신의 존재가 소멸하는 데 대한 두려운 마음은 남아 있을 거라고 생각합니다."

제가 이렇게 대답한 이유는 불쾌감이나 두려움이 본능적인 감정이기 때문입니다.

게다가 귀는 특별한 질환이 있는 게 아니라면 마지막 순간까지 그 기능을 다하는 기관입니다. 귀에 들리는 말은 죽는 순간까지 알아듣기 때문에 죽음이 임박한 사람 곁에서 쓸데없는 말은 하지 않는 게 좋다는 말을 들어보았을 것입니다. 제가 병원에 있을 때는 임종 직전의 부모에게 자식이 다가가서 "나야 엄마! 알아들으면 손을 꼭 잡아보세요"라고 하자 손을 꼭 쥐어 주더라는 이야기를 자주 들었습니다.

의식 없이 누워 있다고 아무것도 모를 거라 예단하지 말아 주세요. 눈에 보이는 것은 알아보지 못한다 해도 목소리는 들을 수 있으며 말도 알아들을 수 있습니다.

치매 당사자도 분명 그렇지 않을까요? 치매 4년차인 지금, 저는 분명 자각하고 있습니다.

_____ 죽음을 생각하며 결정한 한 가지

살아간다는 것은 늙어가는 일입니다. 늙어가는 것은 살아서 시간을 쓰고 있다는 반증이지요. 그러니까 죽음도 삶의 일부로서 맞이해야 합니다. 오래 전부터 그렇게 생각해 왔습니다.

그 준비를 하기 위해, 이미 20년쯤 전으로 거슬러 올라갑니다
만 아내와 함께 일본존엄사협회에 가입했습니다. 나중에 만약
그저 목숨만 붙어 있는 상태가 된다면 연명치료는 하지 말라는
의사를 생전에 표명하는 카드도 만들었습니다. (우리나라에서는
국립연명의료관리기관에서 사전연명의료의향서를 작성할 수 있다.-역
주) 지금도 그 생각에는 변함이 없습니다. 아이들에게도 그렇게
말해 두었습니다.

장수하면 치매에 걸릴 확률이 높아지니까 제가 치매에 걸린
것도 그리 부자연스러운 일이 아니라고 생각합니다. 다만 살아
가는 동안은 조금이라도 사회나 다른 사람에게 도움이 되고 싶
습니다. 이제는 신체마저도 부자유스러워졌지만 주변의 도움을
받아 그 바람을 이뤄 나가고 싶습니다.

저의 가장 큰 소망은 많은 분이 치매에 관해 올바른 지식을 갖
는 일입니다. 아무것도 모른다고 단정짓고 방치하지 말아 주세
요. 그리고 치매 당사자를 빼고서 결정하지 않기를 바랍니다. 무
엇을 해도 시간이 걸린다는 것을 이해하고 일상생활에서 버팀목
이 되어 주면 좋겠습니다. 이러한 말을 전하는 것이 제가 살아가
는 길이며 죽음을 향해 가는 길도 될 것입니다. 다행히도 제게는
가족 그리고 따뜻한 사회와의 인연의 끈이 있습니다. 감사할 따

7장 불편하지만 불행하지는 않습니다

름입니다.

치매에 걸린 후 새삼 깨닫게 된 게 있습니다. 체험에 온도 차가 있다는 것입니다. 예를 들어, 당신이 오늘 여기에 와 주었다면 그것은 제게 '따뜻하다'는 느낌을 줍니다. 마음은 기쁘고 함께 이야기하는 것이 마냥 즐겁지요. 그리고 헤어질 시간이 다가와 '안녕' 하는 인사를 들으면 낙담합니다. 온도가 내려가는 것을 느낍니다. 사람과 만나면 온도가 올라가고 사람과 헤어져 쓸쓸함을 느끼면 내려갑니다. 그렇기에 따뜻한 체험과 따뜻한 인연을 가능한 한 많이 맺었으면 좋겠습니다.

_____ 105세 의사의 장수 비결

'인생 100세 시대'로 접어들어 장수하는 사람이 많아졌습니다. 지금은 세상을 떠났지만, 세이루카 국제병원의 명예원장을 지낸 히노하라 시게아키 박사도 105세까지 장수했습니다.

히노하라 선생의 생전에 어떤 사람이 "장수하기 위해서 어떤 일을 하십니까? 선생님, 어떻게 살아야 하는지 비결을 알려 주십시오" 하고 질문했습니다. 그때 선생은 하루 세 끼 식사를 충실히 하되 너무 기름지거나 콜레스테롤이 높은 음식은 먹지 않으려 한다고 대답했습니다. 그리고 또 한 가지, 히노하라 선생은 '참고 견디는 것'에 관해 언급했습니다. 삶이 뜻대로 되지 않아도 인내하라는 이야기였는데, 이제와 생각하니 공감이 많이 됩니다.

치매로 인해 건망증이 심해져 스스로가 답답하고 화가 날 때가 많습니다. 하지만 가족들을 생각해 어쩔 수 없다 받아들이고 견뎌 보려고 애쓰고 있습니다. 제가 이 상황을 견디고 있는 것처럼 분명 히노하라 선생도 남들이 모르는 고통을 감내하고 계셨을 것입니다. 화를 참는 것이 장수에 도움이 되는 것은 아니지만, 장수하는 사람이라고 해서 화가 없거나 걱정이 없는 것은 아니라는 말입니다.

살아간다는 건 역시 만만치 않은 일입니다. 때로는 지쳐서 '이제 됐어, 이미 충분해' 하는 마음이 불쑥 차오릅니다. 걸을 수가 없고, 이가 빠지고, 자신이 생각한 것조차 제대로 전달할 수 없는 불합리한 일이 수없이 일어나기 때문입니다. 하지만 이대로 포기하면 안 되지 하고 마음을 추스르고 견디며 현재를 살아갑니다. 이것이 바로 장수하는 사람의 모습이 아닐까 합니다.

_____ 할 수 있는 게 아무것도 없을 때 할 수 있는 일

일요일에는 대부분 교회에 갑니다. 예전에는 도쿄 긴자에 있는 긴자 교회에 다녔는데 지금은 주로 집 근처에 있는 교회로 가곤 합니다. 꽤 지난 일입니다만 오랜만에 긴자 교회에 갔습니다. 예전부터 알고 지내던 사람들을 만나는 일은 즐거웠고 부목사의 설교도 좋았습니다. 저는 찬송가를 좋아해서 성가대나 주위 사람들의 노래를 들으면 마음이 편안해집니다.

치매에 걸리면 무척 상심하기 마련이지만 제가 그다지 크게 낙담하지 않았던 데는 그리스도교 신앙이 큰 영향을 미쳤다고 생각합니다. 치매뿐만 아니라 난치병에 걸리거나 어렵고 힘든 일이 닥쳤을 때 자신이 혼자라고 생각하면 기분이 처지고 우울해지기 쉽습니다. 그럴 때 신에게 기도를 해보는 것도 좋지 않을까 싶습니다. 교회가 아니어도 좋습니다. 절이나 성당에 가서 스님이나 신부님의 이야기를 들으면 분명 혼자 있을 때보다 기운을 낼 수 있을 것입니다.

인간이 자신의 힘만으로 할 수 있는 일은 그리 많지 않습니다. 할 수 있는 건 다하고 나머지는 운명에 맡기면 됩니다. 제 경우 그럴 때 종교가 도움이 됐습니다.

살아가고 병들고 죽는다는 것 그리고 죽음은 단 한 번뿐이며 다시 돌아올 수 없다는 이 종교적인 물음을 깊이 생각하고 마음에 두지 않으면 인간은 궁지에 몰릴지도 모릅니다. 이 세상에서 아등바등 돈 버는 데만 매달리다가는 죽을 때 당황해서 어찌할 바를 모르게 될 수도 있습니다.

동양의 사고에서는 삼도내(죽은 사람이 저승에 갈 때 건넌다는 큰 내-역주)와 현세의 땅이 이어져 있습니다. 서양은 하늘을 향해 기도합니다. 서양은 하늘과 땅으로 나뉘어 있지요. 하지만 땅이 이어져 있어도 최종적으로는 하늘로 올라가지 않을까 생각합니다. 어느 쪽이든 자신의 정신생활 속에서 믿음을 키워갈 수 있다면 좋지 않을까요.

_____ 생각하는 인간으로 살겠다는 다짐

저는 스무 살 때 세례를 받았습니다. 세례를 받게 된 계기는 전쟁 때문이었지요. 제2차 세계대전 때 저는, 도쿄에서는 도쿄 대공습을 겪고 피난처인 시즈오카현에서는 누마즈 대공습을 만나 다시 아버지의 본가인 아이치현으로 가는 등 여러 곳을 전전했습니다. 중학교 시절에 군사 교련을 받고 육군 공장에서 선반(나무나 쇠붙이 절삭 기계-역주) 작업도 했습니다. 그런데 전쟁이 끝나자 지금까지 '옳다'고 배웠던 것들이 틀렸다고 하더군요. 그건 충격적인 일이었습니다. 하지만 매일 들리던 전투기의 폭음이 그치자 평화란 이런 것이라는 걸 절실히 느꼈습니다. 전쟁이 가른 인간의 생사, 그 후의 사회 혼란. 이런 체험을 통해 '마음이 의지할 곳이 필요하다'는 생각이 들었습니다. 그렇게 세례를 받게 된 것입니다.

대학 시절에 친구에게 들은 말도 영향을 미쳤습니다. 입학하고 나서 반년쯤 지났을 때 친구가 "너는 불성실해" 하고 말하는 것이었습니다. 저는 놀라서 "응? 어째서?" 하고 물었습니다. 그러자 그는 "그저 살아서 먹고 자손을 남기고 나이 들어 죽는 것뿐이라면 동물과 다를 게 없지. 인간은 동물과 달라야 해. 왜 살아 있는 걸까. 인생에서 중요한 것은 무엇일까. 너는 그런 걸 생각하지 않잖아" 하고 말하지 뭡니까?

그때부터 저는 '왜 살아가는가?' 하고 진지하게 생각하기 시작했습니다. 철학서와 문학서를 여러 권 읽었지만 그 해답을 찾지는 못했습니다. 어릴 때 형제들 가운데서 저만 심한 기관지 천식을 앓았기에 '왜 나만 이럴까?' 하고 생각했던 적이 있습니다. 발작이 일어나면 괴로워서 나란 존재가 사라져 버리는 공포도 느꼈습니다. 그런 체험이 있었기 때문인지 삶과 죽음의 의미에 대해 깊이 생각하게 됐습니다.

_____ 한 알의 밀알이 죽으면

처음 교회에 갔던 기억이 납니다. 삶과 죽음에 대해 계속 생각하다 보니 출구 없는 소용돌이 속에 빠진 것처럼 괴로워져서 학교 가는 길에 있는 교회를 찾아갔습니다. 이케부쿠로 근처에 살고 있었기 때문에 도쿄 이케부쿠로 교회를 찾아갔습니다. 추운 날이었지요. 몇 번이고 망설인 끝에 교회로 들어갔더니 목사 부인이 나와서 맞아 주었습니다.

"안녕하세요. 목사님을 만나고 싶습니다."

"그렇습니까? 잘 오셨습니다. 올라오시지요."

저는 목사관에 있는 방으로 안내를 받았고 잠시 후 초로의 목사님이 들어왔습니다.

"잘 오셨어요."

목사님은 저를 고타쓰에 앉게 하고 온화한 웃음을 띠며 제 이야기에 귀를 기울여 주었습니다. 그때부터 예배에 나가게 되었습니다.

처음 예배당에 들어갔을 때 기도하고 있는 사람들이 모두 즐거워 보이고 표정이 밝아서 놀랐습니다. 목사님은 제게 "이해가 안 되는 부분은 건너뛰어도 괜찮으니까 성경을 여러 번 읽으세요" 하고 권했습니다. 그로부터 성경을 반복해서 읽으니 좋은 말들을 어느새 외우게 되더군요. 그중에서도 '한 알의 밀'에 관한 구절에 무척 끌렸습니다.

"한 알의 밀이 땅에 떨어져 죽지 아니하면 한 알 그대로 있고 죽으면 많은 열매를 맺느니라."

신약성서 〈요한복음〉 제12장 24절에 나오는 말입니다. 한 알의 밀은 그대로는 알갱이 하나에 지나지 않지만, 땅에 떨어져 죽어 싹을 틔우면 머지않아 많은 열매가 열린다는 것입니다. 즉, '한 알의 밀'은 사람들의 행복을 위해 스스로 희생하는 사람을 가리킵니다. 이는 의사로 일하는 내내 제 마음속의 버팀목이 되었습니다.

_____ 투병 생활을 지탱해 준 기억

세례를 받고 나서 몇 년 후 제게 신앙의 중요성을 가르쳐 준 목사님이 병으로 쓰러졌다는 소식을 들었습니다. 오랫동안 만나지 못하다가 돌아가시기 직전에 병문안을 가서 겨우 만날 수 있었습니다.

"목사님……."

저는 목사님을 부르며 침대 곁에 무릎을 꿇었습니다. 그런 저에게 목사님이 말을 건네는 순간 갑자기 하얀빛이 확 내려와 저희 두 사람을 비췄습니다. 마치 신이 우리만을 바라보는 것처럼 느껴졌습니다. 저는 놀라서 넙죽 엎드려 감사의 눈물을 흘렸습니다. 지금 생각해 보면, 우연히 구름 사이로 햇볕이 내리쬔 걸지도 모르겠습니다. 하지만 그때는 정말 굉장한 체험이었습니다. 행여나 종교에 지나치게 몰입한 사람처럼 보일까 싶어 누구에게도 말한 적은 없지만, 그 광경이 떠오를 때마다 신이 저에게 부여해 준 신앙은 강한 것이며 그 신앙이 지금의 나를 지탱하고 있다고 느껴집니다.

이렇게 이야기한다 해도 막상 실제로 죽을 때가 되면 겁이 날지도 모르지요. 하지만 이 경험을 떠올리며 언제나 힘을 냅니다.

_____ 살아 있는 '지금'을 즐기세요

아쿠타가와 류노스케(일본 근대문학을 이끈 소설가로, 사후에 그의 업적을 기리기 위해 아쿠타가와상이 제정되었다-역주)가 쓴 유명한 소설 가운데 〈거미줄〉이 있습니다. 1918년 어린이를 대상으로 한 문예잡지 《붉은 새》에 발표된 작품으로, 지옥에 떨어진 도둑 간다타에 관한 이야기입니다. 주인공 간다타가 거미를 발견하고는 발로 밟아 죽이려다가 살려 주는 모습을 본 석가모니는 지옥으로 떨어진 그에게 자비를 베풀어 긴 거미줄을 내려보냅니다. 그는 기뻐하며 거미줄을 붙잡고 지옥에서 지상으로 올라오기 시작했습니다. 그런데 문득 뒤를 돌아보니 수많은 죄인이 그의 뒤를 따라 거미줄을 붙잡고 올라오고 있었습니다.

"안 돼! 너희들이 다 올라오다가는 거미줄이 끊어지고 말 거야. 어서 내려가라고!"

그가 이렇게 말한 순간, 잡고 있던 거미줄이 뚝 끊어져 그는 다시 지옥으로 떨어졌다는 이야기입니다.

죽음에 관해서는 오래전부터 많이 생각했습니다. 죽었다가 다시 살아난 사람이 없는 것을 보면 좋은 곳일 것 같지만 지옥에 떨어질 수도 있다고 하니 천국과 지옥 중 어디로 가게 될지, 이것만

큼은 죽어 보지 않고서는 알 수 없겠지요. 어느 쪽이든 죽는 건
역시 두렵습니다.

저는 심장에 병이 있어 발작에 대비해 언제나 약을 가지고 다
닙니다. 그래서 지금껏 죽음에 관한 생각을 많이 했습니다. 이런
저에게 어쩌면 치매는 죽음에 대한 공포를 누그러뜨려 주는 존
재일지도 모릅니다. 심장이나 갑작스런 죽음에 대해서 줄곧 생
각하지 않고 지낼 수 있다는 의미에서 말이지요.

어폐가 있을지 모르지만 치매는 죽음에 대한 공포를 진정시키
기 위해서 신이 제게 마련해 준 것인지도 모릅니다. 심장질환으
로 인해 마지막 인사도 하지 못하고 갑작스럽게 죽음을 맞게 될
까 봐 언제나 걱정을 했거든요. 저 역시도 죽음은 무서우니까요.
죽으면 끝이고 그것은 깜깜한 어둠일 테니까 말입니다.

이런 생각을 하면 역시 살아 있는 동안이 행복합니다. 물론 살
아가는 과정에는 괴로운 일도 있습니다. 저도 지금까지 살아오
면서 전쟁, 피를 나눈 가족의 죽음, 일에서 겪은 어려움 등 정말
로 힘들어서 죽고 싶을 정도의 일이 무척 많았습니다. 하지만 살
아 있다는 것은 멋진 일입니다. 괴롭고 힘든 일이 있어도 새벽이
오지 않는 밤은 없습니다. 밤이 지나면 반드시 아침이 찾아옵니
다. 이렇게 책을 통해 여러분에게 이야기할 수 있는 것도 살아 있

기에 가능한 일이지요. 진심으로 살아 있는 '지금'을 소중히 여기고 싶습니다.

_____ 나의 남은 과제

2019년 9월 아랫니 세 개가 갑자기 빠졌습니다. 어느새 치아가 상당히 약해졌던 모양입니다. 오른쪽 윗니 한 개도 길에서 넘어졌을 때 빠졌습니다. 아프지는 않지만 음식을 먹을 때 불편해서 새로 이를 해야겠다고 생각했습니다.

그리고 한 달에 세 번쯤, 심장이 꽉 조여 오듯이 아픕니다. 당황해서 얼른 약을 먹지만 이런 일을 겪으면서 점점 그날이 다가오고 있구나 싶습니다. '이제 슬슬 건너오너라' 하고 말이지요. 하지만 '아니, 안 돼. 조금만 더 기다려' 하고 돌려보내곤 합니다. 제게는 아직 해야 할 일이 있으니까요.

하고 싶은 일 가운데 한 가지는 전국에서 치매 케어 지도에 임하고 있는 사람들에 대한 연수를 실시하는 일입니다. 인지증 개호 연구·연수 도쿄센터에서 현장 사람들에게 치매 케어를 가르칠 지도자 양성 연수를 실시하고 있는데, 그 연수를 마치고 지도

자가 된 리더들이 '빙being'이라는 모임을 만들었습니다. 그들은 관동지역과 규슈 등 각지로 분산돼서 현장에서 일하는 간병 직원들에게 치매 케어의 기초를 가르치고 있습니다. 그 자체는 매우 의미 있는 일이지만 지도자가 된 그들을 지속적으로 지원하기 위한 애프터케어 시스템이 필요합니다. 의사나 심리 전문가도 학회 후에 연수 강좌가 여러 개 있어 지식을 보충할 수 있습니다. 그에 비하면 간병 업무에 대한 애프터케어는 불충분한 상태입니다. 치매 의료와 간병 면에서의 기술과 지식은 나날이 발전하고 있으며 새로운 치료제도 나올 것입니다. 그렇게 새로운 기술과 지식을 직접 배울 수 있는 장소와 기회가 더 많아져야 합니다. 그 일을 제가 돕고 싶습니다. 저의 마지막 일이 될 것입니다.

_____ 세상에서 가장 아름다웠던 합창

2019년 11월에 많은 추억이 깃들어 있는 성 마리안나 의대에 갈 일이 생겼습니다. 그곳 대학병원 인지증 치료연구센터에 외래로 다니는 치매 당사자와 그 가족으로 구성된 합창단의 정기 발표회가 있어 그들의 노래를 듣기 위해서였지요. 그들은 '프로이덴코어'라는 이름의 그룹을 만들어 벌써 15년 이상 활동을 지속하고 있습니다. 그날 무대에 선 사람은 가족과 직원들을 포함해 열다섯 명 정도였습니다. 고바야시 히데후미 선생(2기 모임 회원)의 지휘와 지도하에 〈들장미〉, 〈희미한 달밤〉, 〈밤하늘의 별을 보렴〉 등 10여 곡을 들려주었는데 아주 잘 부르더군요. 〈즐거운 나의 집〉과 〈황성의 달〉은 2부 합창에서 들려주었습니다. 음악요법이라는 말도 있지만 노래를 부르는 것은 역시 좋습니다. 저도 함께 간 딸이 악보를 짚어 주는 대로 노래를 따라 불렀습니다.

발표회가 끝난 후 교수로 재직하던 시절에 연수생이었던 사람들과 만나니 감회가 새롭더군요. 역시 예전에 다들 저를 무서워했다고 해 "그때는 미안했네" 하고 사과의 말도 전했습니다.

20대 예비 의사들과 젊은 간호사들도 있어 즐거웠습니다. "선생님을 만나 뵙게 되어서 정말 기뻐요" 하며 눈물을 똑똑 흘리는 사람이 있어서 저 또한 어느새 눈물을 글썽이고 말았습니다. 이러한 만남 후에는, 힘내자고 스스로 마음을 다독이게 됩니다. 저도 에너지를 받았습니다. 이 자리를 빌려 고맙다는 말을 전하고 싶습니다.

_____ 2년 만의 진단 검사

　　제가 처음 치매 진단을 받은 것은 2017년이었습니다. 그로부터 약 1년 후 다시 진단을 받은 일은 앞서 1장에서 언급했지요. 그리고 2019년 11월에는 2년 후의 경과 관찰 진단을 받게 되었습니다. 이 진단을 받을 것인가 말 것인가 고민이 많았습니다. 딸아이가 "어떻게 하실 거예요?" 하고 물었을 때 아내는, 치매 진단이 이미 나와 있는 거니까 자신이라면 몇 번이나 진단을 받을 생각은 없다고 하더군요. 그렇게 생각할 수도 있습니다. 하지만 저는 이번에도 MRI를 비롯해 모든 검사를 다 받겠다고 했습니다. 혹시 좋아진 부분도 있을지 모르니까요.

　신경심리검사 가운데 시계를 그리는 테스트가 있습니다. 이를테면, 3시 15분을 약간 지난 시각을 그려 보라고 하는 것입니다. 그 말을 듣고 시계 도형을 종이에 그리면 이번에는 3시 15분 전을 그려 보라고 합니다. 일반인들에게는 테스트라고 할 수도 없겠지만, 치매에 걸리면 그런 식의 도형을 잘 그리지 못합니다. 바늘의 위치를 정확히 그리기 어렵기 때문입니다. 하지만 왠지 이번에는 재빨리 잘 그릴 수 있을 것 같은 기분이 들었습니다. 물론 실제로 어떻게 될지, 해보기 전에는 모르는 일이긴 했지만 말입니다.

나이 들면 치매가 나빠지기만 하는 게 아니라 얼마간은 좋아지는 부분도 있지 않을까 하는 생각도 있었습니다. 뇌는 실로 신비로워서 신경세포가 장애 입은 부분을 보충할 뿐만 아니라 성장할 수도 있습니다. 무엇보다 치매는 아직 모르는 부분이 많은 질환입니다. 그렇게 생각하고 긍정적인 마음으로 다시 진단을 받고자 마음먹었던 것입니다. 이번에 검사해 준 의사는 저의 수제자인 이마이 유키미치로, 치매전문병원 원장으로 있는 훌륭한 의사입니다. 그와 오랜만에 대화를 나눌 수 있어 무척 즐거웠습니다.

과연 두 번째 검사 결과는 어땠을까요? 결론부터 말하면 해마가 약간 위축되고 기억력과 판단력의 저하 현상은 나타났지만 전체적으로 진행 속도는 매우 완만했습니다. 은친화 과립성 치매의 특징인지도 모릅니다.

신경심리검사 가운데 잘할 자신이 있었던 시계 그리기 테스트는 이번에는 하지 않았던 걸로 기억합니다. 그래서 전체적으로 잘했는지 아닌지 잘 모르겠습니다. 어려워서 검사를 마치고 나니 꽤 지치더군요. 당분간은 검사를 받지 말아야겠다고 생각했습니다. 이제 제게는 시간이 없기 때문입니다. 더욱 많은 일을 하고 싶고, 해야 할 일도 많습니다. '빙'에 관련된 일도 있고 치매 때문에 힘들어하는 모든 사람들에게 전하고 싶은 말도 많습니다.

피부 세포는 몇 주 사이에 새롭게 바뀌지만 뇌의 신경세포는 바뀌지 않고 평생 계속된다고 들었습니다. 한마디로 말해, 태어났을 때부터 줄곧 그 인지기능을 사용했다는 뜻이기도 합니다. 제 경우는 90년 동안 사용하고 있는 거지요. 생각해 보면 얼마나 대단한 일인지 모릅니다.

_____ 가장 나다운 나로 돌아가는 여행 중입니다

최근에는 예전보다 건강해진 것 같은 기분이 듭니다. 치매에 걸리고 나서 잃은 것도 물론 있지만 제게는 세상이 넓어졌습니다. 자신이 치매라는 사실을 일찌감치 밝힌 크리스틴 브라이든 씨는 치매란 '가장 나다운 나로 돌아가는 여행을 떠나는 것'이라고 말했습니다. 지금 제 마음도 딱 그렇습니다. 브라이든 씨가 지나간 길을 저도 지나고 있는 기분이 듭니다.

내일 할 수 있는 일은 오늘 시작하자고, 지금 마음속으로 다짐해 봅니다. 책을 쓰고 싶은 생각을 했다면 적어도 그 일부분이 될 만한 글을 한 줄이든 두 줄이든 좋으니 오늘 써 보는 것이지요.

어쨌든 시작하는 겁니다. 조금만이라도 좋습니다. 그러면 미래로 한 발 내디딘 것입니다. 아무것도 하지 않고 제자리에 서 있기보다는 미래에 희망을 품을 수 있고 즐거움도 커집니다. 무엇보다 자신이 안심할 수 있습니다.

조금 발을 들여놓은 미래는 머지않아 '지금'이 됩니다. 지금이 가장 중요합니다. 과거에 일어난 일이나 자신이 한 일은 절대 바뀌지 않으며 이미 어쩔 수 없습니다. 하지만 과거란, 사실 없는 것입니다. 과거는 지금이지요. 옛날의 일을 떠올리거나 이야기하고 있는 것은 지금이니까요. 그러므로 '지금'이라는 시간을 소중히 여기며 살아가야 합니다. 되풀이해서 말하지만, 살아 있는 동안이 가장 좋을 때입니다. 그렇게 생각하면서 사회와 다른 사람들에게 도움이 되는 일을 제가 할 수 있는 범위에서 해 나가고 싶습니다. 그리고 삶의 마지막 순간에는 단 한 번의 죽음을 자연스럽게 받아들이면서 마지막 여행길에 오르고 싶습니다.

"주님의 가호 아래 그 이름을 찬미하고 모든 인연을 소중히 여기며 살아가게 하소서."

여러분을 위해 기도를 하고 싶어 마지막으로, 한 번 더 펜을 들었습니다.

저는 자라면서 주위 어른들과 선생님들에게 칭찬받고 사랑을 많이 받았습니다. 하지만 네댓 살 때부터는 엄한 꾸지람과 조언도 함께 들으며 성장했습니다. 초·중학교는 말할 것도 없고 20세 무렵까지 엄격하게 교육을 받았습니다. 직장에 취직한 후에도 선배와 상사에게 많은 가르침을 받았습니다. 사람의 생명을 다루는 의사라는 직업상 정신적인 면에서의 지도는 더욱 강인하게 이루어졌습니다. 저는 이 경험을 늘 감사하게 생각하고 있습니다. 그것은 제가 올바른 인생을 살아갈 수 있도록 이끌어 준 목소리들이기 때문입니다.

여러분에게도 그런 목소리들이 있을 것입니다. 듣기 싫은 순간도 많겠지만, 이것은 당신에게만 특화된 가이드라는 생각을 했으면 좋겠습니다. 당신에게만 주어진 신의 은혜로 가득 찬 보물이라고 말입니다. 그리고 누군가에게 당신도 다정하고 따뜻하며 진정 어린 목소리를 들려줄 수 있었으면 좋겠습니다.

평범하게 살아가는 일, 그 자체가 사실은 신에게 받은 특별하고도 열정이 가득한 보물입니다. 그 사실을 항상 잊지 말고 평화로운 일상에 감사합시다.

하세가와 가즈오

치매 의료에 평생을 바친
한 의사의 눈부신 발자취

"치매계의 나가시마 시게오 같은 분이야."

15년도 더 지난 그 어느 날 의료와 복지 분야에 정통한 선배 기자가 하세가와 가즈오 선생님을 그렇게 표현하던 기억이 난다. 하세가와 선생님은 야구계의 레전드 나가시마 시게오(전 프로야구 선수이자 감독, 야구 해설가로 일본의 프로야구계에 큰 영향을 미친 인물-역주)처럼, 실력은 물론이고 아우라가 있으며 유머가 있는 분이라는 의미였다. 그 무렵 성 마리안나 의대 이사장이었던 하세가와 선생님은 치매 케어의 제일인자로서 여러 곳에서 초빙받아 열정적으로 강연을 하러 다니셨다.

"저도 나이가 들면 언젠가는 치매에 걸리는 날이 올 겁니다. 그때는 스스로 주의 깊게 관찰해서 여러분에게도 알려 드릴게요."

유머가 넘쳐흐르던 그 말씀이, 현실이 되었다.

○

전 미국 대통령 로널드 레이건도, 영국 수상을 지낸 마가렛 대처도 만년에 치매에 걸렸다. 고령화와 장수화가 진행되면 누구나 치매에 걸릴 가능성이 있다. 하지만 '치매에 걸리면 모든 게 끝'이라는 편견과 낙인은 좀처럼 사라지지 않는다. 그러한 편견과 오명을 없애기 위해 사회적 영향력이 있는 사람이 스스로 커밍아웃해서, 치매에 걸리면 어떤 경치가 보이고 무엇을 느끼게 되는지 알려 주는 날이 오지 않을까. 최근 10여 년간 그런 생각을 많이 하게 되었다. 하지만 자신이 평생 획득해 온 지적 능력을 서서히 잃어 가는 것이 치매이므로 스스로 공표하는 데는 심한 갈등이 따를 것이다. 설령 본인이 공표하기를 원한다 해도 가족과 주변 사람들이 반대하는 경우도 드물지 않다.

하세가와 선생님의 경우, 커밍아웃은 매우 자연스러웠다.

"여러분 앞에서 이렇게 말하면 주최자가 난처할지도 모르지만, 실은 저 치매에 걸렸습니다."

전문의로서 단상에 올라 한창 강연을 하던 도중에 담담하게, 마치 세상사를 초월하기라도 한 듯이 너무나도 자연스럽게 말씀하셨다. 너무 자연스러워서 그 고백이 그대로 귀를 빠져나갈 뻔했다. 하지만 마음먹고 공표하신 본인의 의지를 모른 척할 수는 없다는 생각이 들었다. 더욱 상세하게 이야기를 듣고 싶어서 용기 내어 취재를 청하자 "좋아요" 하는 대답이 온화한 미소와 함께 돌아왔다.

취재 의뢰를 망설이지 않은 것은 아니다. 불쾌하게 여기지는 않으실까, 꺼려하시면 어쩌나 걱정과 불안도 컸다. 하지만 하세가와 선생님이 예전에 하신 말씀을 떠올리고는, 하세가와 선생님이라면 자세히 듣고 싶어 하는 우리의 마음을 충분히 이해하고 받아 주실 거라는 믿음이 내게 용기를 주었다.

그렇게 해서 시작된 인터뷰를 바탕으로 처음 쓴 기사가 2017년 11월 16일자 《요미우리신문》 조간에 게재된 〈2017년에 생각하다〉 코너의 '정신과의 하세가와 가즈오 씨'였다. 다음 해에는 〈시대의 증언자〉라는 연재에 등장했다(2018년 8월 11일~9월 12일자 《요미우리신문》 조간 게재). 〈시대의 증언자〉는 2003년부터 계속되던 《요미우리신문》의 명물 기획으로, 예전부터 유명 프로야구 감독이나 스모 챔피언 등 시대를 상징하는 각계의 인물들을 소개하던 이 시리즈에, 치매 진단을 받은 사람의 증언이 실리기는 처음이었다. 또한 최근에는 '공표한 지 2년 후'를 기해서 2019년 8월 18일자 《요미우리신문》 조간에도 인터뷰 기사를 게재했다.

○

자신이 치매라는 사실을 스스로 공표한 하세가와 선생님을 볼 때마다 항상 '대단하다'고 느껴왔지만, 취재 요청을 꺼리지 않고 받아들인 가족분들 또한 대단하다고 생각한다.

있는 그대로의 생활을 보여 주기 위해 자택에서는 하세가와 선생님이 자신의 전쟁터라고 부르는 2층 서재와 치매를 자각하고부터 사용하기 시작했다는 일력이 걸려 있는 부엌을 몇 번이고 찾아갔다. 부인인 미즈코 씨에게는 분명히 불편하고 번거로운 일이었을 텐데도 언제나 미소를 지으며 따뜻하게 맞아주시고 서로 깊이 신뢰하는 부부의 모습을 여과 없이 보여 주셨다. 세 자녀분도 협력해 주었는데 그중에서도 장녀인 마리(현재 하세가와 선생의 강연 등 공식 일정은 물론 사적인 외출 시 동행하며 수행과 보좌 역을 맡아 하고 있다-역주) 씨에게는 도움을 많이 받았다. 이 화목한 가정의 분위기야말로 하세가와 선생님의 치매가 '천천히 진행'되도록 하는 데 큰 영향을 끼쳤음을 느낄 수 있었다.

○

하세가와 선생님을 취재하면서 가슴을 쿵하고 울리는 말을 여러 번 들었다.

"치매에 걸렸다고 해서 사람이 갑자기 바뀌는 것은 아닙니다. 자신이 살고 있는 세계는 예나 지금이나 연속되어 있으며, 어제에서 오늘로 자신은 계속 이어지고 있는 겁니다" 하는 말씀도 그 가운데 하나였다.

누군가가 치매에 걸렸다는 말을 들으면 '그 사람은 치매니까!' 하고 마음속에 벽을 만들고 그 사람은 나와는 다른 세계에 사는 사람이라고 선을 긋는 사람들이 있다. 하지만 치매에 걸렸다고 해서 그 사람의 인격(하세가와 선생님이라면 영적인 성품Spirituality일 수도 있다)이 갑자기 어느 날을 경계로 단번에 바뀌는 것은 아니다. 오히려 본인의 의식으로는 어제까지의 자신에 이어 오늘의 자신이 있는 것이기 때문에, 주변에서 제멋대로 어제까지의 그 사람과 전혀 다른 사람이라도 되는 듯 차단하고 바라보는 시각은 부당하다는 것이 하세가와 선생님의 생각이었다. 그렇게 당사자의 시점에서 나온 말을 듣는 것은 무척 새로웠고 큰 도움이 되었다.

"치매가 아닌 사람들도 실수하잖아요" 하는 말도 인상에 남았다.

치매에 걸리면 왠지 갑자기 아이 취급을 당하고 "또 그러면 어떡해요?"라든지 "그건 틀렸잖아요!" 하고 어린아이에게 하듯이 타박을 받기 일쑤다. 하지만 치매가 아닌 사람도 일상생활에서 실수하거나 잘못하는 일이 많거니와 앞뒤가 맞지 않는 말을 하기도 한다. 그런 언행은 눈감아 주면서도 치매 당사자에게는 결코 허용하지 않는 태도는 확실히 불합리하다.

"안 되겠어" 하고 업신여기거나 거만한 말투로 지시하고 '이 사람은 내가 돌봐야만 해' 하면서 갑자기 이것저것 참견하려는 행동은, 비록 나쁜 의도는 없다 해도 치매 당사자 입장에서는 필시 달갑지 않을 것이다.

"치매의 본질은 일상생활의 장애예요."

이 말씀도 마음에 와닿았다. 복지 전문가가 아니라 의사인 하세가와 선생님의 말씀이어서 특히나 무게감 있게 느껴졌다. 하세가와 선생님은 또한 약에 대한 걱정도 언급했다. 치매 치료제가 생기면 당연히 그보다 더 좋은 일은 없겠지만, 그러한 약에는 '예상하지 못한 무서운 부작용이 숨어 있을 수 있다' 하는 점을 지적하셨다. 처음에는 항 치매제의 임상시험 총괄 직책까지 맡았던 의사가 약에 대한 걱정과 치료제의 한계에 관해 이야기하는 모습이 의외로 느껴지기도 했다. 하지만 임상시험 총괄 의사까지 지낸 인물이기에 더욱더 그러한 염려가 무심결에 배어 나온 것이 아닐까. 치료제 개발에 부정적이라는 뜻이 아니라, 부작용까지도 염두에 두고 깊이 생각해서 개발에 임해야 한다는 것이 하세가와 선생님의 견해였다. 그리고 부작용까지도 억제할 수 있는 치료제 개발이 실현되지 않는 동안에는 '치매에 걸려도 걱정 없다'고 안심할 수 있는 케어, 그중에서도 지역 케어의 실현이 가장 중요하다고 강조하셨다. 그 고견에 공감한다.

하세가와 선생님이 말씀했듯이 치매가 '일상생활의 장애'라면 주변 사람과 사회는 그 장애를 제거할 지혜와 대책 연구를 해야 한다. 이때 근간이 되는 개념이 하세가와 선생님이 중요하게 여기는 '인간 중심의 케어'일 것이다. 똑같이 치매에 걸린 사람이라도 함께 지내는 가족과 주변 환경에 따라 '손이 많이 가는 골치 아픈 사람'이 되기도 하고 '평소와 다르기는 하지만 개성적인 사람'이 되기도 한다. 반대편에 서서 보면 치매 당사자는 주위 사람들이나 사회가 보여 주는 관용이나 포용력의 유무와 정도를 비춰 주는 '거울' 같은 존재라고 할 수 있다.

○

이 책을 읽은 독자 여러분 중에는 이렇게 다양하고 많은 이야기를 할 수 있다면 치매가 아니지 않느냐고 생각할지도 모른다. 하세가와 선생님뿐만이 아니라 최근에는 치매 당사자가 자신의 말로 자신의 생각을 표현하는 일이 늘고 있다. 너무나도 논리정연하게 자신의 생각과 감정을 이야기하거나 '보통 사람'과 다름없는 행동을 하면 우리는 '저 사람은 치매가 아니야', '진단이 잘못되었어' 하고 의문을 품게 된다.

그렇게 보는 시각의 저변에는, 치매에 걸리면 '아무것도 분간하지 못하는 사람', '이상한 언동을 하는 사람'이 된다고 단정 짓는 편견과 고정관념이 뿌리 깊이 박혀 있다. 나 또한 예전에 치매에 관해 취재를 하면서 '이 사람 정말로 치매인 걸까?' 하고 의아하게 여긴 경험이 있다.

결론부터 말하자면, 똑같이 '치매'라고 해도 그 유형은 매우 다양하고 증상도 모두 다르게 나타난다. 대개 치매라고 하면 '건망증'부터 떠오르지만 기억력이 마지막까지 상당히 유지되는 사람이 있는가 하면, 치매와 언뜻 연결지어 생각되지 않는 '환시' 증상이 현저한 사례도 있다. 자신의 생각을 말로 표현하기가 비교적 쉬운 사람이 있는 반면에 그렇지 않은 사람도 분명히 있다. 증상이 그다지 진전되지 않는 초기에는 자신의 생각을 말로 표현할 수 있는 사례가 상당히 많다. 조기 진단이 발달된 오늘날에는 한층 더 그러하다. 그런 현상을 모르고서는 '치매 당사자는 아무것도 모르는 사람'이라는 고정관념에서 언제까지나 벗어나지 못할 것이다.

인상 깊은 말씀을 자주 들려주는 하세가와 선생님도, 취재를 계속하다 보면 돌연 이야기가 맥락 없는 방향으로 흘러가기도 하고 이해할 수 없는 말을 하실 때도 있다. 하지만 이러한 현상은 치매가 아닌 사람에게서도 자주 일어나는 일이다. 또한 '이야기가 엉뚱한 데로 빠진 것 같다'고 느껴지는 날도 마지막까지 다 들어보면, 멀리 돌아오긴 했어도 결국은 이야기가 제자리로 돌아와 이어질 때가 많았다. 그때 비로소 '아, 그런 거였어. 선생님은 이 말을 전하고 싶었던 거야' 하고 깨닫는다.

보통 치매 당사자와 대화할 때 '시간이 없다'는 이유로 자신 마음대로 상대의 말을 자르거나 '무슨 말을 하는지 모르겠다'며 이해하려는 시도조차 하지 않고 지레 외면하기 쉽다. 하지만 그런 태도는 상당히 실례라는 것을 취재하는 동안에 깨달았다.

"치매에 걸린 사람의 말을 귀 기울여 들어주면 좋겠어요. 들어준다는 건 기다리는 일입니다. 기다린다는 것은 그 사람에게 시간을 내어 주는 일이지요" 하고 하세가와 선생님은 강조했다. 이런 의사소통 방식을 명심한다면 상대의 증상이 진행되어 전혀 말을 하지 못하거나 표정을 읽어 내기 어려울 때도 그 사람과 서로 '마음은 이어져 있다'고 믿을 수 있을 것이다.

○

오늘날 치매는 일본뿐만 아니라 전 세계가 주목하고 있는 과제다. 그리고 각국이 직면하고 있는 과제에는 공통점이 많다. 간병할 인재의 확보나 돌봄의 질 향상을 어떻게 이룰 것인가. 증가하는 의료비와 간병비를 어떻게 조달할까. 발증과 진행의 메커니즘이 아직 밝혀지지 않은 가운데 치료와 예방을 어떻게 시행해야 할까. 금융 거래가 어려워졌을 때 환자의 자산 보호와 활용을 어떻게 계획하면 좋을까. 사기나 악질 상법의 피해를 당하지 않게 하는 시스템을 어떻게 구축할 것인가.

또는 자동차를 운전하기가 어렵더라도 장 보기 같은 일상생활이 곤란하지 않은 지역 만들기를 어떻게 실현할까. 투표나 직업 선택 시 필요 이상으로 권리를 빼앗기지 않는 제도는 어떻게 만들어야 할까. 말기의 의료와 생활에 대한 판단은 누가 어떻게 최종적으로 책임을 질 것인가. 이렇듯 풀어야 할 과제가 무척이나 많다. 어느 나라든 현재로서는 시행착오를 겪어 가며 정책을 세워 앞으로 나아가야 한다. 그러한 정책을 생각하는 데, 또한 치매에 관한 고정관념과 편견을 바로잡고 사회의 의식 변혁을 촉진하는 데 가장 중요한 것은 치매 당사자들의 목소리를 귀담아듣고 함께 생각하는 일이다.

일본은 지금까지 '전 국민보험'을 기본으로 하는 사회보장제도를 마련하고 장수 사회를 실현해 왔다. 우리는 장수하게 된 인생을 더욱 안전하게, 더욱 안심하며 살아갈 수 있도록 한층 더 지혜를 모아야 한다.

마지막까지 자신답게 살다가 떠나려면 어떻게 해야 할까. 장수 시대를 살아가는 우리 한 사람 한 사람의 행복한 삶과 사회복지 시스템 정착을 위해 평생을 바쳐 온 '치매계의 레전드' 하세가와 가즈오 선생님의 조언이 큰 도움이 될 것이라 확신한다.

○

　이 책과 신문기사를 집필할 때 많은 분들의 도움을 받았다. 그 중에서도 특히 마쓰자와병원 사이토 마사히코 원장과 국립장수 의료연구센터 건망증센터 호리베 겐타로 실장에게 이 자리를 빌려 진심으로 감사의 인사를 전하고 싶다.

-이노쿠마 리쓰코(요미우리신문 도쿄 본사 편집위원)

연표

	하세가와 가즈오	치매 의료 분야	일본사회
1929	아이치현 출생		
1947	도쿄지케이카이 의과대학 입학		
1949	신앙생활 시작		
1953	도쿄지케이카이 의과대학 졸업		
1956~ 1958	미국 유학(성 엘리자베스 병원, 존스홉킨스 대학병원)		
1960	결혼		
1961			전 국민보험·연금 실현
1960~ 1962	미국 유학(캘리포니아대학 샌프란시스코캠퍼스 부속병원)		
1963			노인복지법 제정(100세 이상 노인 153명)
1969	도쿄지케이카이 의과대학 정신신경과 조교수		
1972	도쿄도 노인종합연구소 심리정신의학부장	아리요시 사와코의 《황홀한 사람》 출간	
1973	성 마리안나 의과대학 신경정신과 교수		노인 의료비 무료화 복지 원년
1974	하세가와 치매척도 공표		
1980		치매노인을 돌보는 가족모임(현 인지증 당사자와 가족의 모임) 발족	
1983			노인보건법 시행
1986		후생노동성 〈치매성노인 대책추진본부〉 설치	

1989	일본 개최 제4회 국제노년 정신의학회 회장	국제노년정신의학회 일본 개최 / 아리셉트 임상시험 개시	고령자 보건복지 추진 10개년 전략(골드플랜) 책정 / 소비세 도입 (세율 3%)
1990			복지관계인법 개정
1991	개정판 하세가와 치매척도 공표		
1993	성 마리안나 의대 학장		
1994			신골드플랜 책정
1999	성 마리안나 의대 부이사장	아리셉트 보험 적용 / MCI(경도인지장애) 개념 확립(피터슨 연구팀)	
2000	인지증 개호 연구·연수 도쿄센터장		개호보험법 시행 / 성년후견제도 시행
2002	성 마리안나 의대 이사장		
2004	국제알츠하이머병협회 제20주년 국제회의 교토조직위원장 / 치매에서 인지증으로 명칭 변경에 관한 검토위원	국제알츠하이머병협회 교토에서 국제회의 개최 / 치매에서 인지증으로 용어 변경	
2005	훈장 수여(서보장)		장애자 자립지원법 제정
2009	인지증 개호 연구·연수 도쿄센터 명예센터장		
2013		인지증 시책 추진 5개년 계획 '오렌지플랜' 개시 / 'G8치매정상회의' 런던 개최	
2015		신오렌지플랜 책정	
2017	인지증 투병 사실 공표		
2019		정부 인지증 시책 추진강령 책정 / 자민당과 공명당 양당이 인지증 기본법안 제출	

치매에 걸려도
변함없이 소중한 사람입니다

"치매 아냐?"

평소 뭔가 착각하거나 깜빡했을 때 우리는 이 말을 자신 또는 상대에게 농담 반, 걱정 반으로 툭 던지며 웃곤 합니다. 그런데 이제 이 말이 무척 조심스럽습니다. 치매를 주제로 한 책을 읽고 옮기면서 이 한 마디의 무게와 아픔을 가늠할 줄 알게 되었고, 지금 이 순간에도 치매를 안고 삶을 치열하게 살아내고 있는 당사자와 가족들을 생각하게 되었기 때문입니다.

한편으로 이 책을 통해 여러 각도에서 치매라는 질환을 바라보게 되어 오히려 두려움이나 편견이 한 꺼풀 벗겨지고 어딘가 조금은 편하게 느끼고 있는 것도 사실입니다. 두 가지 감정이 모순처럼 여겨지기도 하지만, 이 책을 읽고 난 많은 분에게도 이 상반된 감정이 찾아가지 않을까 싶습니다.

반세기라는 인생의 긴 세월을 치매 진료에 힘써온 88세의 치매 전문 정신과의가 어느 날, 자신이 치매에 걸렸다는 사실을 공표합니다. 일본 치매 의료의 제일인자로, 구체적인 치매 진단 기준이 없던 시절에 '하세가와 치매척도'를 개발해 치매의 조기 진단을 가능하게 한 하세가와 가즈오 선생님입니다. 그는 자신의 모습을 있는 그대로 보임으로써 치매가 무엇인지를 세상 사람들에게 알려주고 싶어서 자신이 치매에 걸린 사실을 밝혔다고 합니다. 그 후로도 치매 당사자와 가족들을 위한 치매 케어 강연을 멈추지 않고 있으며, 이 책에서 치매를 치료하던 의사 입장에서 치매 당사자가 되어 바라본 세상과 느낀 감정을 진솔하게 털어놓습니다.

오늘날 전 세계가 고령화 사회로 접어들어 우리는 100세 인생이라는 말이 자연스러운 시대를 살아가고 있습니다. 국립중앙의료원 중앙치매센터의 2019 보고서에 따르면 우리나라 65세 이상 인구 가운데 치매자는 약 76만 명으로 10.3%에 달한다고 합니다. 노화와 함께 찾아오는 치매는 이제 소설과 영화 속 이야기만도 아니고 남의 이야기도 아닌, 바로 내 할머니와 할아버지, 그리고 내 부모의 이야기더군요. 아니, 언젠가는 자신의 일이 될 수

도 있다고 생각하니 더욱더 하세가와 선생님의 한 마디 한 마디
가 마음속에 파고들었습니다.

치매에 대한 인식도 진단 기준도 전혀 없던 1970년대에 수많
은 치매자와 가족을 직접 방문해서 현실을 눈으로 확인하고 가
슴으로 울었던 하세가와 선생님은 50년 가까이 깊은 애정으로
치매 당사자와 가족들을 마주하고 인간으로서 그들의 삶과 죽음
을 넘나드는 아픔을 함께합니다. 그리고 노년에 자신이 직접 치
매를 겪으면서 예전에 의사로서 그들에게 조언하고 건네던 말들
이 얼마나 피상적이었던가를, 과연 자신은 그들을 얼마나 이해
했던가를 깨달으며 아파합니다. 그리고 가족들에게 이렇게 당부
하지요.

치매 당사자가 자꾸 기억을 하지 못하고 실수할 때 질책하거
나 다그치지 말고 이야기를 차분히 들어주라고, 우리도 누구나
깜빡할 때가 있고 실수도 하며 말을 조리 있게 하지 못할 때가 있
지 않느냐고 말입니다. 가족과 주변 사람들의 따뜻한 시선과 배
려하는 말 한마디가 당사자의 치매 정도를 좌우하고 힘과 위로
가 될 뿐만 아니라, 삶을 살아가는 이유까지도 될 수 있다는 사실
을 간절히 호소합니다.

NHK에서 치매에 걸린 하세가와 선생님을 일 년에 걸쳐 취재

한 내용이 2020년 다큐멘터리로 방영되었습니다. 50분짜리 영상에는 이 책을 읽으며 머릿속으로 그렸던 것보다 더욱 친근하고 푸근하게 웃는 하세가와 선생님의 모습이 있었습니다. 선생님의 애정 어린 신념과 꼿꼿한 의지를 직접 목소리로 전해 듣는 것은 또 다른 감동이었지요. 몇 번이나 울고 웃었는지 모릅니다.

치매에 걸려도 똑같은 인생이 계속되고 있을 뿐이며 사람이 달라지는 건 아니라고 강조한 말씀처럼 영상 속의 인자한 할아버지는 가족들의 지지와 도움으로 일상을 보내고 있었고 가족의 사랑과 배려가 중요하다는 의미를 자연히 느낄 수 있었습니다. 큰딸 마리 씨가 오늘이 무슨 요일인지를 묻자 하세가와 선생님은 '수요일' '금요일' 하고 계속 틀린 대답을 합니다. 그러면 온화한 표정으로 지켜보던 부인 미즈코 여사와 마리 씨가 소리 내 웃고 곧이어 선생님도 함께 웃습니다. 어쩌면 선생님이 가족들에게 웃음을 주려고 부러 엉뚱한 대답을 하셨나, 순간 착각이 들 정도로 가족 모두 치매 증상을 자연스럽게 받아들이는 모습이 인상적이었습니다.

오십 대 후반쯤으로 보이는 장녀 마리 씨는 지금도 하세가와 선생님이 강연과 연구 등의 일정을 소화할 때 옆에서 수행하며 보좌해 주고 있습니다. 이 책에 잠깐 에피소드가 소개된, 외국 출장 때 아빠 힘내시라고 편지를 써 보내며 끝머리에는 선물 잊지 말라고 덧붙이던 열세 살짜리 큰딸이 바로 마리 씨입니다. 그녀는 강연이나 업무 협의 중에 아버지의 이야기가 뜬금없이 다른 데로 빠지면 다시 자연스럽게 본 주제로 끌어오느라 애를 먹기도 합니다. 그러다가 역정을 듣기도 하지만 아버지가 좋아하는 카페에도 늘 함께 가주는 살뜰한 딸입니다. 보폭이 좁아지고 머리의 지령이 몸에 닿지 않아 자주 넘어지는 아버지가 오늘도 넘어져서 생긴 얼굴 상처에 반창고를 붙이고 있습니다. 딸은 그런 아버지의 손을 꼭 붙잡고 산책길을 따라나서는데 자세히 보니 아버지 쪽이 딸의 손을 더 꼭 쥐고 있는 것 같습니다.

젊을 때부터 가족을 즐겁게 해주려 애쓰던 아버지가 이제 혼자서는 제대로 걷지 못하는 고령의 치매자가 되었습니다. 딸은 그런 아버지에게 내가 몇 살인지 아느냐고 묻고 아버지는 "몰라. 서른다섯!"이라고 대답하여 모두를 빵 터지게 하고는 함께 웃습니다. 정말 모르는 건지 아니면 알면서도 농을 하는 건지 당최 모르겠습니다. 그래서 저도 함께 깔깔 웃었지만 남몰래 가슴 한켠이 시려왔습니다.

그러나 가족의 부담을 줄여 주고 치매자의 정신 능력을 활발히 하겠다는 목적으로 자신이 제창해 시작한 데이케어 서비스에, 이제 치매 당사자가 되어 참가한 하세가와 선생의 얼굴에서 고독이 느껴집니다. 가기 싫다고 하면서도 자신이 가야 아내가 편하다고 했다가, 또 어느 때는 2박 3일의 일정을 채우지 못하고 하루 만에 집으로 돌아와서 300여 권의 책으로 둘러싸인 비좁은 서재에 자리잡고 앉아 안도합니다. 지금도 컨디션이 좋을 때는 자택 서재에서 혼자 연구를 계속한다는 선생님은 서재가 자신의 전쟁터이자 가장 편안한 장소라고 고백합니다.

어느 날인가 치매 당사자들이 겪는 우울증이 찾아온다며 한동안 말을 멈추고 있던 선생님이 나지막이 한숨을 내쉬고는 딸에게 묻습니다. 죽을 때는 어떤 기분이 들까? 하고요. 왜 그런 걸 묻느냐는 딸에게 내가 죽으면 네가 기뻐하지 않겠냐고 해 딸을 울컥하게 만들더니, 슬플지는 몰라도 너나 주위 사람 모두 홀가분한 마음도 있을 거라며 자신이 주위 사람들에게 폐를 끼치고 있다는 걸 안다고 담담히 털어놓습니다.

치매에 걸린 사람도 상대에게서 느끼는 감정은 예전과 똑같으며 다른 사람의 말과 표정, 행동에서 자신을 어떤 마음으로 대하는지 다 느낀다고 합니다. 치매의 증상과 경중도 사람마다, 그리고 치매의 종류에 따라 무척 다양하며 우리가 막연히 생각하듯이 하루 24시간을 아무것도 모르고 아무 판단도 할 수 없는 상태로 지내는 것이 아니라고 하세가와 선생님은 강조합니다. 그렇기에 치매 당사자의 의견을 존중해 주고 이야기를 들어주고 기다려 달라고, 무엇보다 당사자가 무얼 하고 싶고 무얼 하고 싶지 않은지를 꼭 물어 달라고 합니다.

우리의 편견과 생각 없는 행동이 치매 당사자에게 상처가 될 수 있다는 사실을 잊지 말아야겠다고 다짐해 봅니다. 반대로 따뜻한 말 한마디와 작은 배려가 큰 기쁨과 용기를 준다는 사실도 잊지 않겠습니다.

하세가와 선생님은 치매에 걸려도 보이는 경치는 조금도 달라지지 않았다고 합니다. 노화와 함께 오는 당연한 현상이고 누구나 마주하는 문제이니 지나치게 두려워할 필요는 없다고 담담하게 위로를 건넵니다.

치매를 생활의 일부로 자연스럽게 받아들이고 오히려 유쾌하게 웃음으로 바꾸는 하세가와 선생님과 가족을 보면서《페코로스, 어머니 만나러 갑니다》시리즈를 떠올렸습니다. 이마와 머리의 경계가 없는 귀여운(?) 65세 아들이 치매에 걸린 어머니와 함께하는 나날을 따뜻한 에피소드로 그려낸 만화책입니다. 이 책도《나는 치매 의사입니다》와 마찬가지로 치매라는 주제를 심각하게 받아들이기보다 일상 속에서 웃음으로 승화시키면서 또 다

옮긴이의 말

른 재미와 감동을 줍니다. 이 유쾌한 모자와 함께 웃으며 치매에 관한 선입견과 막연한 두려움이 한층 옅어졌습니다.

그리고 마침 이 책을 번역하고 출간을 기다리는 동안, 아직 치매에 대해 무지하던 시절인 1972년도에 일본에서 출간되어 큰 사회적 반향을 일으켰다는 아리요시 사와코의 소설 《황홀한 사람》이 국내에서 재출간되어서 반가웠습니다. 제목에 나오는 '황홀恍惚'이란 단어에는 일본어와 한국어 모두 '흐릿하여 분명하지 아니함'이라는 의미가 들어 있습니다. 우리가 흔히 알고 있는 황홀의 의미와도 왠지 어딘가 통하는 느낌이 들어 저자가 중의적인 의미로 붙인 제목인가 확인도 할 겸 《나는 치매 의사입니다》의 출간에 맞춰 꼭 읽어 보려고 합니다.

다시 하세가와 선생님의 가족 이야기로 돌아가서, 걱정 근심과는 거리가 멀어 보이는 온화한 표정의 부인 미즈코 여사는 자신도 허리가 아파 거동이 불편하지만 남편 곁에서 손발이 되어 주고 있습니다. 남편이 좋아하는 베토벤의 〈비창〉을 피아노로 연주할 때면 하세가와 선생님은 지그시 눈을 감고 피아노 소리를 들으며 상념에 잠깁니다. 이렇게 60년을 함께해 온 노부부는 치매를 담담하고 자연스럽게 일상으로 받아들이며 소박한 시간을 보내고 있습니다. 최근 하세가와 선생님은 하루를 마치고 잠자리에 들기 전 반드시 하는 말이 생겼다고 합니다.

"고마워 미즈코."

아내에게 깊숙이 고개 숙여 고마운 마음을 전하는 선생님의 미소에 진한 애정이 배어납니다. 그 모습에 소리 내어 웃으며 아내는 숙이고 있는 남편의 머리를 어루만져 줍니다.

지금 이 순간에도 사랑하는 어머니, 아버지, 그리고 할머니, 할아버지가 조금씩 기억을 잃어가는 모습을 지켜보며 하루하루 가슴을 쓸어내리는 많은 분과, 사랑하는 사람이 기억 속에서 영원히 사라질까 봐 괴로워하는 치매 당사자들에게 하세가와 선생님의 메시지가 안도와 치유의 울림으로 다가가기를 간절히 바랍니다.

그리고 하세가와 선생님이 오래도록 우리 곁에 계셨으면 좋겠습니다.

옮긴이 김윤경

　　　　　　　　　　　　　　　　　　옮긴이의 말

나는 치매 의사입니다

초판 1쇄 발행 2021년 07월 14일
초판 5쇄 발행 2023년 12월 15일

지은이 | 하세가와 가즈오·이노쿠마 리쓰코
옮긴이 | 김윤경
펴낸이 | 정상우
편집주간 | 주정림
디자인 | 어나더페이퍼
일러스트 | 최광렬
인쇄·제본 | 두성 P&L
용지 | 이에스페이퍼
펴낸곳 | (주)라이팅하우스
출판신고 | 제2022-000174호(2012년 5월 23일)
주소 | 경기도 고양시 덕양구 으뜸로 110, 오피스동 1401호
주문전화 | 070-7542-8070 팩스 | 0505-116-8965
이메일 | book@writinghouse.co.kr
홈페이지 | www.writinghouse.co.kr

한국어출판권 ⓒ 라이팅하우스, 2021
ISBN 978-89-98075-85-9 (03330)